Feid / Wegner
Sterben kannst Du immer noch

Jugendreihe:
Brennpunkte, Band 12

Anatol Feid / Natascha Wegner

Sterben kannst Du immer noch

Patmos Verlag Düsseldorf

Die Deutsche Bibliothek – CIP-Einheitsaufnahme

Feid, Anatol:
Sterben kannst Du immer noch / Anatol Feid; Natascha
Wegner. – 2. Aufl. – Düsseldorf: Patmos, 1994
(Jugendreihe: Brennpunkte; Bd. 12)
ISBN 3-491-79438-2
NE: Wegner, Natascha:; GT

2. Auflage 1994
Umschlagfoto: Frank Vinken, Dorsten
Satz: Utesch Satztechnik GmbH, Hamburg
Druck und Bindung: Offizin Andersen Nexö, Leipzig
ISBN 3-491-79438-2

Zur Einführung

Die folgenden Seiten enthalten die *literarische* Aufarbeitung unseres bisherigen gemeinsamen Weges.
Dabei sind wir verschiedene Wege gegangen.
Meine Mitautorin konnte diese Aufarbeitung am besten in der unmittelbaren Ich-Erzählform leisten. Aus diesem Grund hatte sie bereits bei anderen Gelegenheiten für sich das Pseudonym *Natascha Wegner* gewählt.
Ich tu mich leichter, wenn ich mir ein Gegenüber schaffe, in dem ich mich beobachten kann wie in einem Spiegel. Der *Christian R.* ist eine erfundene Figur, die allerdings meine realen Probleme hat.
Wir haben versucht, diese beiden Methoden zu einer Einheit zu verbinden.
Alle Personen- und Ortsnamen haben wir, soweit uns das notwendig erschien, erfunden bzw. verändert.

Anatol Feid

1

Erschrocken starrte Christian Natascha an. Eben noch war sie auf ihn zugelaufen, fast gesprungen, hatte ihn umarmt. Ihr Gesicht strahlte, die Augen leuchteten. Jetzt nahm sie ihre Arme von seinem Hals, sah ernst, fast traurig aus.
»Komm«, sagte sie leise, »wir gehen ein Stück weiter.« An seinem Stock in seiner Rechten hinkte Christian neben der jungen Frau her. Natascha hakte sich in seinen gelähmten linken Arm ein.
»Wie geht's dir denn so?« fragte sie. »Ach«, sagte Christian unwillig. »Es bleibt, wie es ist. Es wird einfach nicht mehr besser.« Nach einer Weile setzte er hinzu: »Entschuldige meine Reaktion eben. Das war nicht sehr gut.«
»Ich versteh's«, sagte Natascha. »Als der Arzt mir sagte, daß ich schwanger sei, war ich genauso erschrocken wie du. Ich hatte Angst. Ich hab' sogar geheult. Aber dann war mir klar: Das Kind muß ich bekommen. Ein Kind war doch immer mein Traum gewesen. Der Mann ist unwichtig. Ich bin auch nicht mehr mit ihm zusammen.«
Sie blieb vor den Tischen eines Straßencafés stehen. »Setzen wir uns hierher?«
Die beiden setzten sich, und Christian bestellte bei der vorbeieilenden dunkelhäutigen Kellnerin zwei Kaffee. »Und für mich ein Eis!« rief Natascha.
»Ich hab' gleich mit meinem Therapeuten geredet, und der sagte...«
Christian unterbrach. »Du bist noch in Therapie? Ich hab' gehört...«
»Ja, ich weiß«, fiel Natascha ein. »Aus der Bergstraße bin ich weg. Da lief nichts mehr, zu viele Rückfälle, vor allem mit Alkohol. Ich wollte aber sowieso weg. Ich wollte es endlich allein schaffen, mir eine Wohnung suchen und so.

Aber dann wurde es immer schlimmer mit mir, und ich hab' mir einen neuen Platz in einer Nachsorgetherapie gesucht. Ich will kein Risiko eingehen. Und jetzt, wo ich schwanger bin, brauch ich sowieso die Hilfe von anderen.«
Nataschas Augen leuchteten wieder, und sie erzählte, wie es ihre Art ist, ohne Punkt und Komma und alles ganz genau.
»Ich hab' also mit Walter geredet, und der hat gleich gefragt: Willst du's auf die Welt bringen, oder willst du's abtreiben lassen? – Ich heulte los. – Wenn ich es abtreiben lassen müßte, würde ich sofort wieder drücken gehen. Ich wollte immer ein Kind haben, und wenn ich das nicht haben darf, hat mein Leben keinen Sinn. – Walter versuchte, mich zu beruhigen: Dann sieht die Sache also so aus: Wenn du das Aids-Virus nicht hättest, würdest du dich wahnsinnig auf das Kind freuen. – Aber das ist ja gerade mein Problem, daß ich infiziert bin. Und ich habe Angst, daß mein Kind mir irgendwann einmal Vorwürfe machen könnte, daß ich es auf die Welt gebracht habe. Ich hab' doch inzwischen erfahren, was es heißt, in dieser Gesellschaft mit dem Aids-Virus leben zu müssen. – Ich fing wieder an zu weinen. Ich war völlig verunsichert. Aber Walter sagte nur: Den Vorwurf, daß man sie auf die Welt gebracht hat, haben sehr viele Kinder ihren Eltern gemacht. Dazu braucht niemand HIV-positiv zu sein. – Ich nickte, denn ich mußte daran denken, wie oft sich meine Mutter diesen Vorwurf von mir anhören mußte, lange bevor ich infiziert war. – Walter sagte: Natascha, ich glaube, wenn du selbst lernst, deinen Virus zu akzeptieren, kannst du diese Einstellung an dein Kind weitergeben. Aber vielleicht wird es ja auch gar nicht positiv. Zunächst einmal solltest du dir über diese Fragen Klarheit verschaffen. Rede doch mal mit den Ärzten von der Uniklinik über die Probleme deiner Schwan-

gerschaft. – Ich glaube, das Gespräch mit Walter hat mir ganz schön geholfen.«

»Warst du in der Klinik?« warf Christian ein, als Natascha einmal Atem holen mußte.

»Ja, klar, und die Ärztin sagte mir, daß die Chancen etwa 70 zu 30 stünden, daß ich mein Kind gesund zur Welt bringen könnte. Sie erzählte, daß in der Klinik schon mehrmals positive Mütter Kinder zur Welt gebracht hätten, und viele von denen wären heute negativ. Einige der Kinder seien allerdings auch gestorben. Aber Kind oder nicht, das sei ganz allein meine Entscheidung, und wie jede andere Frau hätte ich ein Recht darauf, zu entscheiden, ob ich das Kind wollte oder nicht. – Ich hätte die Ärztin umarmen können, so erleichtert war ich.«

Die dunkelhäutige Kellnerin stellte ein großes Eis vor Natascha. Die strahlte und sagte: »Ich muß jetzt für zwei Personen essen.« Christian schlürfte seinen Kaffee.

Dann sagte er langsam: »Gut, Natascha, du hast dich für das Kind entschieden, und ich wünsche dir alles Glück. Wenn du denkst, daß ich dir irgendwie helfen kann, mußt du es mir sagen. Ich verspreche dir, mein Bestes zu tun.«

Natascha umarmte Christian über den Tisch hinweg. »Ich möchte dich jede Woche einmal treffen«, sagte sie. »Einfach nur mit dir quatschen, über die Probleme, die kommen, und über alles, was so anfällt.«

»Ist in Ordnung, Natascha«, sagte Christian, »ruf mich am besten immer montags an. Dann machen wir unser Treffen fest.«

Die beiden machten noch einen schönen Spaziergang am Main entlang, und Natascha bezog Christian schnell in ihre Überlegungen darüber ein, wie das Kind heißen sollte. Natürlich konnte man noch nichts von der Schwangerschaft sehen, aber von Zeit zu Zeit strich Natascha zärtlich über ihren Bauch und flüsterte glücklich: »Ich werde ein Kind bekommen, Christian. Ich hab' fast nicht mehr an meinen Traum geglaubt, und jetzt wird er wahr. Ich werde ein Kind bekommen.«

2

Auf der kurzen Heimfahrt nach Hoechst dachte Christian an seine Geschichte mit Natascha zurück. Fast genau ein Jahr war das her. Christian hatte gerade einen ersten, ziemlich schweren Gehirnschlag hinter sich gebracht. In einer Rehabilitationsklinik hatte er trotz seiner linksseitigen Lähmung zwar wieder gelernt, allein zu laufen, wenn auch an einem Stock. Aber seine Nervenkraft hatte merklich nachgelassen, und längere Konzentration fiel ihm schwer. Oft war er müde und depressiv.

»Sie werden ganz sicher noch eine Menge tun können«, hatte ihm der Arzt bei der Entlassung gesagt. »Sie haben bewiesen, daß Sie einen außergewöhnlich starken Willen haben. Aber große Sprünge sind nicht mehr drin.«

Christian hatte gelächelt.

»Das macht nichts, Herr Doktor. Ich bin 46 Jahre alt, und da ist es ohnehin zu spät für eine Karriere beim Ballett.«

Christian ist freier Schriftsteller und Journalist mit »einem starken, manchmal distanzlosen Hang zu Minderheiten und Außenseitern«, wie eine Zeitung schrieb.

Irgendwann, vor vielen Jahren, war ihm ein drogensüchtiger junger Mann über den Weg gelaufen und in seinem Leben geblieben. Durch diese Beziehung hatte Christian sein eigentliches schriftstellerisches Thema gefunden. Er schreibt über süchtige Menschen und ihre Probleme und auch über die Probleme, die andere Menschen mit Süchtigen haben.

Aber Christian wollte nicht nur das Leid der Süchtigen beschreiben. Er wollte helfen. Er besuchte Tagungen und Bildungsseminare zur Suchtproblematik und hospitierte in Drogenberatungsstellen und Therapieeinrichtungen. Durch seinen Freund kamen immer mehr suchtkranke Menschen in Christians Leben. Indem er seine fast immer gescheiterten Versuche, solchen Menschen aus ihrer Abhängigkeit herauszuhelfen, zu Artikeln, Kurzgeschichten und Büchern verarbeitete, erwarb er sich bald den Ruf eines Fachmannes in Suchtfragen.
Eines Tages brachte sein Freund Natascha W. mit zu Christian. Über diese erste Begegnung schrieb Natascha später: »Christian und ich, wir mochten uns vom ersten Augenblick an. Zwischen uns war so etwas wie ein stillschweigendes Einverständnis. Dabei hatte ich, ehrlich gesagt, vor der Begegnung zuerst ein wenig Angst gehabt. Was würde dieser Mann von mir halten? Denn er war immerhin ein bekannter Schriftsteller und ich eine drogensüchtige Prostituierte, die zu allem Überfluß auch noch aidsinfiziert war. Aber dann saß ich ihm gegenüber, neben seinem Freund, der damals auch mein Freund war, und ich spürte bald, daß ich für Christian ein Mensch war wie jeder andere auch. In seiner Gegenwart fühlte ich mich wohl und geborgen, denn ich spürte, daß er mich akzeptierte, wie ich nun einmal war. Allerdings wußte ich damals noch nicht, daß es der Beginn einer wunderbaren Beziehung war.«
Christian hatte in sein Tagebuch notiert:
»Ich darf keine neuen Süchtigen in mein Leben lassen. Das halte ich nicht mehr aus. Außerdem wird diese Frau – zumindest muß man davon ausgehen – nicht alt werden, und eine Sterbebegleitung halte ich auf keinen Fall durch. Durch meinen Schlag lebe ich selbst in einem Zustand ständiger Angst, was ich noch lange nicht verarbeitet habe.

Ich habe Angst vor einem neuen Schlag, der mich noch ein Stück mehr zerstören wird, vielleicht töten. Und ich kann mich nicht schützen. Aber vielleicht gibt es auch gar keinen zweiten Schlag mehr. Oder er kommt doch: nach einem Jahr, in drei Wochen oder in fünf Minuten. Er würde sich genausowenig ankündigen wie der erste. Die Ärzte hatten gesagt, daß es sicher realistisch wäre, die Möglichkeit weiterer Schläge ins Auge zu fassen und entsprechend zu leben. – Aber was diese Frau angeht, ich mag sie.«

Und dann entstand die Beziehung doch.

Natascha wollte ein Buch über ihr bisheriges Leben schreiben, und Christian sollte ihr dabei helfen. Einige Wochen nach ihrem Besuch schickte sie Christian ein fast fertiges Manuskript zu. Es war eine typische, traurige Fixerstory. Christian las von einer Kindheit, die geprägt war vom Alkoholismus und der Brutalität des Vaters, der Hilflosigkeit der Mutter und der Passivität und Gleichgültigkeit der Gesellschaft und ihrer Organe.

Die kleine Natascha flüchtete aus der brutalen Wirklichkeit in eine Welt schöner und harmonischer Träume, und eines Tages entdeckte sie auch die perfekten Fluchthelfer, die Drogen:

Erst Alkohol und Medikamente, denn die sind ohnehin in so gut wie jedem Haushalt zu finden, bald aber auch Marihuana, Haschisch, Heroin, Cocain... Die Drogen halfen ihr, ihr Leben zu ertragen: die Brutalität eines Zuhälters, der sie zur Prostitution prügelte, ihren Weg in die Kriminalität, sogar die Infizierung mit dem tödlichen Aidsvirus im Alter von 17 Jahren.

Das alles machte der jungen Natascha weder Angst noch Sorgen. Sie hatte nur eine einzige Angst und eine einzige Sorge: einmal keine Drogen mehr zu haben. Denn sie hatte Angst vor dem grausamen Entzug, dem körperlichen, aber

viel mehr noch vor dem psychischen, denn der würde ihre Flucht in die Welt der Träume beenden, und sie würde ihr Leben sehen, wie es wirklich war: entehrt, sinnlos und – vielleicht – bald vorbei.
Aber dann, eines Tages, in einer schmutzigen Straße des Frankfurter Bahnhofsviertels, entdeckte sie, daß sie leben will, leben, trotz allem, was geschah, und durch das alles hindurch. Für einen solchen plötzlichen Ausbruch des Lebenswillens gibt es eigentlich keinen Grund, zumindest keinen sichtbaren, eher im Gegenteil.
Ihr Freund und sie haben das Heroin schon auf die Spritzen gezogen. Aber Natascha kann ihre Vene nicht finden. Zweimal sticht sie vorbei. Dann ist sie es leid. Zum Entsetzen ihres Freundes spritzt sie das Gift auf die Straße. Sie will leben und macht sich auf die Suche nach einem Therapieplatz, wo sie dann die letzten Seiten ihres Buches schreibt.
Nach der Lektüre von Nataschas Manuskript notierte Christian in sein Tagebuch:
»Das ist gut. Das ist wirklich authentisch und nicht für ein Lesepublikum aufgearbeitet von irgendwelchen Lehrern oder Journalisten. Hier beschreibt sich ein Junkmädchen, wie es wirklich ist, und nicht, wie die Pädagogen es gern hätten. Oder – stimmt das gar nicht? Vielleicht finde ich gar nicht das Manuskript so gut, sondern die Verfasserin. Ich denke ja ohnehin ständig an sie. Vielleicht versuche ich gerade, mich selbst zu überlisten. Eine helfende Beziehung zu dieser Frau kann ich nicht verantwortlich eingehen, also suche ich diese Beziehung über die gemeinsame Arbeit an einem Buch.«
Christian schickte Nataschas Manuskript an einige Leute, die etwas von Büchern verstehen. Deren Urteil war einstimmig. »An dem Manuskript muß zwar noch gearbeitet

werden, aber das solltest du unbedingt tun. Dieses Buch muß erscheinen.«
Woche für Woche fuhr Christian zu Natascha in die Nachsorgewohngemeinschaft, und die beiden machten sich über den Text her. Oft wurden bessere und klarere Ausdrücke gesucht, und manches mußte näher erklärt werden, damit es auch diejenigen verstanden, die die Drogenwelt nicht kannten. Vieles wurde gestrichen, denn Natascha neigte dazu, ähnliche Erlebnisse immer wieder neu zu erzählen. Vor allen Dingen aber sorgte Christian dafür, daß der Text keine Neugier auf Drogen aufkommen ließ.
Anfangs war diese gemeinsame Arbeit für Christian ein wirkliches Vergnügen, auf das er sich die ganze Woche freute, aber dann wurde Natascha immer fahriger und unkonzentrierter, und wenn Christian um die Mittagszeit herum bei ihr eintraf, war sie oft noch in tiefem Schlaf. Da sie so gut wie nie Geld hatte, mußte Christian zunächst einmal ein Frühstück spendieren. Und dann konnte sie das Ende der Arbeit nicht abwarten. »Ich hab' Termine«, sagte sie ständig.
Eines Tages sprach Christian seinen Verdacht klar aus.
»Ich kenne seit zehn Jahren Leute, die Drogen nehmen. Du verhältst dich wie sie. Nimmst du wieder Drogen?«
»Quatsch! Wer hat dir das denn erzählt?«
»Das hat mir niemand erzählt. Ich ziehe nur meine Schlüsse aus dem, was ich beobachte. Du wolltest immer ehrlich zu mir sein. Also noch einmal: Nimmst du wieder Drogen?«
Natascha schaute Christian trotzig an.
»Wenn du wirklich so viel von Drogen verstehen würdest, wie du behauptest, müßtest du wissen, daß Rückfälle die normalste Sache von der Welt sind.«
»Also nimmst du wieder Drogen.«
»Ich bin normal, Christian. Ich bin keine Superfrau. Und

jetzt hör' auf, mich zu nerven, und laß uns weiterarbeiten. In einer halben Stunde hab' ich einen Termin.«
Als das Manuskript druckreif war, trafen sich Natascha und Christian noch einmal in einem Café auf der Frankfurter Zeil. Sie wollten das Ereignis ein wenig feiern.
»Ich glaub', du machst dir viel zu viel Sorgen um mich«, sagte Natascha plötzlich. »So ein paar Rückfälle sind doch kein Problem. Wichtig ist, daß ich nicht abstürze, und das habe ich nicht vor.«
»Und was hast du vor?«
»Ich will mir endlich eine eigene Wohnung suchen und eine Arbeit, die mir Spaß macht. Die Therapie geht mir langsam auf den Geist! Ich hab' genug Therapie gemacht! Jetzt will ich endlich einmal leben – solange der Virus mich läßt. Verstehst du das?« Nataschas Stimme klang zum Schluß fast aggressiv.
»Ja, Natascha«, sagte Christian leise. »Ich verstehe das. Und ich wünsche dir alles Glück.«
Natascha schaute Christian eine Zeitlang von unten herauf an und sagte dann langsam: »Meinst du, daß wir uns weiterhin gelegentlich treffen könnten. Nicht unbedingt jede Woche, aber doch dann und wann. Es tut mir gut, manchmal mit dir zu reden.«
»Ruf mich an, wenn du mit mir sprechen willst.«
Natascha legte ihre Hand auf die von Christian.
»Paß auf dich auf, Christian. Dir geht's in letzter Zeit nicht gut. Ich seh dir das an.« Dann setzte sie leise hinzu: »Manchmal habe ich Angst um dich.«
»Ich hab' auch Angst«, sagte Christian traurig.
»Um mich?«
»Ja.«
»Das sollst du nicht. Dafür gibt es keinen Grund.«
»Und du brauchst dir um mich keine Sorgen zu machen.«

Beide lächelten, aber in ihren Augen lag Trauer.
Auf der Heimfahrt dachte Christian an das Manuskript, das jetzt in absehbarer Zeit als Buch erscheinen würde. Es schloß so voller Hoffnung und war deshalb geeignet, anderen Hoffnung zu machen. Hoffentlich erfuhren die niemals, wie Nataschas Geschichte wirklich zu Ende gegangen war, denn wenn kein Wunder geschah – das wußte Christian aus Erfahrung –, stand Natascha kurz vor einem schweren Absturz. Christian konnte ihr nicht helfen, zur Zeit konnte er niemandem helfen. Natascha hatte das sehr klar gesehen, Christians Gesundheitszustand verschlechterte sich fast täglich. Depressiv saß er in seiner Wohnung und hörte klassische Musik. Die einzige Musik, die sein Herz noch erreichte und es ihm von Zeit zu Zeit wenigstens ermöglichte, ein paar Zeilen an einer Erzählung zu schreiben. Es ging um den Tod eines Drogensüchtigen, der gleichzeitig in einer Fernsehreportage behauptet hatte, mit Hilfe von Ersatzdrogen sein Drogenproblem gelöst zu haben.
Zum Glück standen aber auch noch einige Dutzend Informationsveranstaltungen vor Schülern an, die Christian zwangen, sich aus seiner Lethargie zu lösen.
Er war davon überzeugt, daß seine Beziehung zu Natascha still auslaufen würde. Aber drei Monate später rief sie an. »Kannst du zu unserem Treffpunkt kommen? Ich habe eine gute Nachricht für dich, die beste Nachricht überhaupt.« Christian war nach Frankfurt gefahren, und Natascha hatte ihn über ihre Schwangerschaft informiert.
Selbstkritisch stellte Christian jetzt fest, daß er sich von Nataschas Freude und Hoffnung hatte anstecken lassen. Vielleicht ging ja doch wirklich alles gut, obwohl…
Christian erinnerte sich, vor kurzem in einer Fachzeitschrift einen Artikel über schwangere Süchtige gelesen zu haben. Der belegte, daß die Doppelbelastung von Schwangerschaft

und Sucht besonders häufig zu schweren Rückfällen führen würde. Bei Natascha kam noch die Belastung durch ihre Aidsinfizierung dazu. Aber sie lebte in einer therapeutischen Gemeinschaft, und mit dem für sie zuständigen Therapeuten schien sie sich gut zu verstehen. Vielleicht könnte auf diese Weise vieles aufgefangen werden. Auch zu einigen Ärzten der Uniklinik schien Natascha Vertrauen zu haben.
Plötzlich erschrak Christian.
Das hatte er völlig vergessen, nein, man sagt wohl richtiger: verdrängt. Er war zu früh am Treffpunkt gewesen, und weil er noch Zeit hatte, schlenderte er über die Drogenszene. Wegen seiner Gehbehinderung war er im letzten Jahr nur selten hier gewesen. Natascha stand bei einer kleinen Gruppe stumpfsinnig vor sich hinglotzender Junkies, denen sie ganz begeistert irgend etwas erzählte. Aber dann hatte sie Christian entdeckt, war auf ihn zugelaufen und hatte ihm von ihrer Schwangerschaft erzählt.
Was machte Natascha auf der Drogenszene?
Was soll's? dachte Christian. Offensichtlich ging es um dieselbe alte Geschichte aller cleanen Süchtigen, die wenigstens die räumliche Nähe zu ihrem Suchtmittel suchen und nicht wahrhaben wollen, daß sie damit ihren nächsten Rückfall zumindest einleiten. Unter Drogen hatte Natascha heute nicht gestanden, da war sich Christian sicher. Aber wie lange würde sie clean bleiben?
Jede Droge, die sie nahm, würde nicht nur ihr selbst schaden, sondern auch dem ungeborenen Kind, auf das sie sich so freute.
Mit einem Schlag wurde Christians große Hoffnung von einer noch größeren Angst zunichte gemacht. Er hätte im Zug losheulen können vor Wut und Ohnmacht.
Erst als er sich in seiner Wohnung ein großes Glas Bier eingeschenkt und mit einem Zug ausgetrunken hatte, wur-

de er langsam ruhiger. Früher hätte er sicher mehr getrunken, aber nach seinem Gehirnschlag ging das nicht mehr. Sobald er ein gewisses Maß an Alkohol im Blut erreicht hatte, konnte er kein Glied seines Körpers mehr bewegen. Er setzte sich in seinen Schreibtischsessel und dachte nach. Wenn Natascha seine Hilfe suchte, würde er ihr helfen, so gut er eben konnte. Wenn sie ihn nicht anrief, würde er gar nichts tun.
Seine Gefühle für Natascha gingen ihm durch den Sinn. In den letzten Monaten hatte er das alles unterdrückt und verdrängt, aber das hatte keinen Sinn gemacht. Christian liebte diese junge Frau, die seine Tochter hätte sein können. Und er hoffte, daß sie ihn anrufen würde, wenn sie Hilfe brauchte.

3

Christian lehnt sich müde in seinen Schreibtischsessel zurück. Es ist 19 Uhr am Abend. Nach dem Mittagessen war Natascha nach Hause gefahren, und Christian hatte sich nach einem kurzen Schlaf an die Arbeit gemacht.
Die Ereignisse, die er in den ersten beiden Kapiteln rekonstruiert hatte, lagen rund drei Jahre zurück.
Christian und Natascha wollten ein neues Buch schreiben. Das kam so:
Auf ihr erstes Buch hin bekam Natascha eine Fülle von Leserpost. Ganze Klassen, die ihr Buch im Unterricht gelesen hatten, schrieben an sie. Der von Christian und Natascha ausgewählte Brief steht dabei für alle. »Hallo Natascha, wir haben dein Buch gelesen, und wir waren alle betroffen und erschüttert von dem, was du erlebt hast. Und wir fanden es ganz toll, daß du niemals aufgegeben hast. Hast du's geschafft? Was machst du denn heute? Hast du deine

Träume wahrgemacht? Hast du trotz deines Aidsvirus einen Freund? Was arbeitest du? Schreibst du eine Fortsetzung deines Buches? Schreib uns doch bitte zurück oder noch besser: Besuche uns im Unterricht. Unsere Lehrerin ist einverstanden. Wir wünschen dir alles Gute. Gib nicht auf!«
Natascha war mit den Briefen zu Christian gekommen und hatte gesagt: »Meinst du nicht, daß wir das Buch gemeinsam schreiben sollten. Meine Geschichte ist doch inzwischen ein Teil deiner Geschichte geworden.«
»Schreib auf, woran du dich erinnerst«, hatte Christian gesagt. »Ich werde es genauso machen. Dann sehen wir mal, was dabei herauskommt.«
Die beiden hatten sich vor einem halben Jahr an die Arbeit gemacht, und alle vier Wochen trafen sie sich. Dann hatten sie ihre Erinnerungen verglichen und ergänzt, gerafft und erklärt, korrigiert und vertieft. Christian hatte immer wieder gefragt: »Wie siehst du das alles von heute aus?« Und Natascha hatte ihre Kommentare gegeben, die Christian auf Kassette aufnahm oder in Stichworten notierte. Als weitere Quellen wurden die Briefe herangezogen, die die beiden sich in den letzten Jahren geschrieben hatten, und Christians Protokolle ihrer Begegnungen und Telefonate.
Jetzt ist sein Schreibtisch mit Manuskriptseiten verschiedener Farben, mit Stößen von kleineren Zetteln und jeder Menge Kassetten übersät. Das alles sind Teile eines riesigen Puzzles, und es ist Christians Aufgabe, sie zusammenzusetzen. Dann wird er sich noch einmal mit Natascha zu einer Endredaktion zusammensetzen, und die beiden werden letzte Fragen beantworten: Sitzt wirklich jedes Teil an seinem Platz? Wurde nichts vergessen? Vor allem aber: Wie soll das Buch enden? Welches ihrer vielen Erlebnisse soll das Schlußkapitel bilden? – denn das Ende ihrer Geschichte ist (noch) offen.

Christian setzt viel Hoffnung für sich in die Arbeit, die vor ihm liegt. Vielleicht wird sie ihn ein Stück gesünder machen. (Christian hat inzwischen einen zweiten Gehirnschlag erlitten, aber davon wird er später erzählen.) Manchmal kann er seine Angst vor einem neuen Schlag kaum mehr ertragen. Die kleinste Übelkeit, das leiseste Unwohlsein lassen diese Angst oft zur Panik werden. Bewegungslos sitzt er dann in einem seiner Sessel und denkt: Es hat doch alles keinen Sinn mehr. Alles ist vorbei.
Früher hätte er diese Zustände mit Alkohol oder Medikamenten beiseite gedrückt, aber das verträgt er jetzt noch weniger als nach seinem ersten Schlag. Alkohol bringt kein Vergessen mehr, sondern steigert seine Panik ins Gigantische. Seine gelähmte linke Seite wird noch starrer und die gefühllose rechte so sehr ohne Gefühl, daß er nicht einmal mehr das Schnapsglas halten kann. Sein Mund wird schief, daß alle Flüssigkeit herausläuft. Christian hat keine Wahl. Er muß die Folgen seiner Krankheit aushalten lernen.
In den Jahren seiner Freundschaft mit Natascha ist sein Problem dem der jungen Frau immer ähnlicher geworden. Auch Natascha muß ihre ständig gegenwärtige Angst vor dem Ausbruch von Aids aushalten. Wenn sie das schafft, wird sie – vielleicht noch lange – leben. Wenn sie diese Angst mit Drogen betäubt, wird sie sterben.
Die Arbeit an dem Buch ist für beide lebenswichtig. Es ist ein Dokument ihrer Entschlossenheit, mit ihrer Angst zu leben. Höchstens zwei Stunden täglich kann Christian konzentriert arbeiten. Er schiebt einige der Puzzlestücke zusammen. Morgen soll erst einmal Natascha erzählen.

4

Natascha erzählt:
Ich hatte mir immer so sehr ein Kind gewünscht, daß ich ganz sicher war: wenn ich einmal schwanger sein würde, hätte ich kein Drogenproblem mehr. Das war dann auch so – für ungefähr 14 Tage. Ich war in einer ganz anderen Welt und dachte an nichts anderes als an mein Kind.

Aber dann ging mir wieder der Virus durch den Kopf, und ich bekam Angst vor der Zukunft, die ja völlig ungesichert war. In der Therapie konnte ich nicht ewig wohnen bleiben. Ich mußte mir also eine eigene Wohnung suchen. Und natürlich auch eine vernünftige Arbeit, denn zur Zeit jobbte ich nur gelegentlich schwarz in einer Kneipe.

Irgend etwas Wichtiges für mein Leben fehlte mir. Heute weiß ich, daß es die Drogen waren, denn seit einiger Zeit lebte ich clean. Damals aber redete ich mir ein, daß ich ganz allein sei und dringend jemanden brauchte, der meine Sorgen mit mir teilte und sich mit mir gemeinsam auf das Kind freute. Dabei hatte ich doch Christian, und meine Mutter hatte schon damit angefangen, Sachen für das Kleine zu stricken.

Immer wieder hielt ich mich auf der Drogenszene auf. Ich wollte zwar auf keinen Fall drücken, aber irgendwie brauchte ich diese Grauzone, die Nähe der Drogen, die ich nicht mehr nehmen durfte. Irgendwie tat mir das gut, und ich kam mir unglaublich stark und überlegen vor, weil ich keine Drogen nahm.

Und doch – ich wollte das damals nicht wahrhaben –, sie fehlten mir. Ich hatte Ängste und Sorgen, und bisher hatte ich darauf immer mit Drogen reagiert.

Ich war auch in der Nähe der Szene, als ich in der Uniklinik anrief, um meine neuesten Blutwerte zu erfragen.

Sie hatten sich so sehr verschlechtert, daß ich es nicht fassen konnte. Ich fing am Telefon an zu heulen. Die Ärztin versuchte, mich zu beruhigen.
»Natascha, regen Sie sich nicht auf. Das kann durch die Schwangerschaft kommen. Das ist normal. Ihr Körper macht doch jetzt eine totale Umstellung mit. Nach der Schwangerschaft können die Werte durchaus wieder besser werden. Kommen Sie doch bitte in die Klinik, ich möchte das alles lieber ohne Telefon mit Ihnen bereden. Und zur Sicherheit möchte ich Ihre Werte von jetzt an alle sechs Wochen kontrollieren.«
Heulend legte ich den Hörer auf. So schlechte Werte hatte ich noch nie. Ich hatte Angst. Sollte ich jetzt sterben müssen? Gerade jetzt, wo ich doch ein Kind erwartete! Ich wollte darüber nicht nachdenken, das würde ich nicht aushalten. Ich wollte abschalten, total abschalten. Noch immer heulend lief ich über die Szene auf einen bekannten Dealer zu. Meine Gedanken wurden wieder klar, und ich wußte ganz genau, was ich wollte: Ich wollte mich meiner Situation nicht stellen, wollte nicht darüber nachdenken. Da es mein erster Druck nach längerer Zeit war, war ich gut zu.
Ich fuhr nach Hause, aber vorher wollte ich in einer Kneipe, wo ich einige Wochen vorher gearbeitet hatte, noch etwas trinken. Als ich ins Pintchen trat, sah ich dort sofort Jens, den Vater meines Kindes. Überlegen und selbstsicher, wie der Druck mich gemacht hatte, ging ich an die Theke und bestellte mir eine Fanta. Alkohol trank ich nicht mehr, seit ich von meiner Schwangerschaft wußte.
Jens begrüßte mich und schaute mich dann aufmerksam an. Natürlich sah er sofort, was mit mir los war, obwohl er selbst nicht fixte.
»Sag mal, du hast dir doch was eingefahren!« schnauzte er mich an.

Erst wußte ich nicht, wie ich reagieren sollte. In meiner falschen Sicherheit hatte ich nicht damit gerechnet, daß man mir etwas ansehen könnte. Aber dann sagte ich ruhig: »Ja, hab' ich gemacht. Aber es war der erste und der letzte Schuß.«

»Bist du wahnsinnig!« schrie Jens. »Du bist schwanger! Hast du das vergessen?«

»Nein!« schrie ich zurück. »Aber das geht dich nichts an. Es ist mein Kind, kapierst du! Mein Kind!«

Wütend schaute Jens mich an.

Aber dann sagte er leiser: »Es ist auch mein Kind, Natascha, ob dir das paßt oder nicht. Und ich mache mir meine Gedanken, was aus dem Kind wird. Und ich werde ganz bestimmt nicht ruhig zusehen, wenn du wieder abstürzt.«

Zornig verließ ich die Kneipe. Hoffentlich würde mich Jens nicht verraten. Immerhin wohnte ich in einer therapeutischen Gemeinschaft mit strengen Regeln.

Als ich zu Hause war, kam sofort Elke, eine Mitklientin, auf mein Zimmer.

»Der Jens macht sich Gedanken um dich«, sagte sie. »Er meinte, du wärst zu.«

Sie guckte mir in die Augen, und ich wußte, daß alles verloren war. Jens hatte schon angerufen.

Drei Tage später hatten wir Gruppensitzung mit den Therapeuten. Ich mußte gehen.

Als erstes ging ich ins Pintchen. Jens war da.

Vor Wut zitternd, ging ich auf ihn zu. »Toll hast du das gemacht, Jens«, zischte ich ihn an. »Jetzt steh' ich auf der Straße.«

Ich drehte mich um, ging hinaus, und auf dem Weg zum Bahnhof fing ich an zu heulen. Ich wollte nicht abstürzen, ich durfte nicht abstürzen, ich hatte doch ein Kind! Aber was tun?

Ich fuhr zu Carola, einer Freundin, die ich von einer früheren Therapie her kannte. Ich wußte, daß sie clean lebte. Fürs erste durfte ich bei ihr wohnen. Und ich hatte noch mehr Glück. Zu meiner eigenen Überraschung bekam ich einen Job in einem Büro, obwohl ich nicht einmal richtig Schreibmaschine schreiben konnte. Aber als der Chef sah, daß ich mir Mühe gab, die Aufgaben einer Hilfskraft so gut wie möglich zu erledigen, dauerte es nicht lange, bis er mich fest einstellen wollte. Als ich ihm jedoch von meiner Schwangerschaft erzählte, war das vorbei. Allerdings konnte ich solange bei ihm arbeiten, wie ich's in meinem Zustand schaffen würde.
Zwischen Carola und mir kam es immer häufiger zu Spannungen. Ein einziges Zimmer ist eben zu klein für zwei Personen. Verzweifelt ging ich auf Wohnungssuche, aber für Sozialhilfeempfänger ist es ungeheuer schwer, etwas zu bekommen. Meine Bewährungshelferin – ich hatte damals noch Bewährung – setzte sich für mich ein und schrieb ein Dringlichkeitsgesuch an die »Wohnbau«.
Ich resignierte bald und ging immer häufiger zur Szene, wo ich für einen Dealer verkaufte, um meinen Konsum finanzieren zu können. Ich drückte immer öfter, um die Angst vor der Zukunft auszuschalten. Eines Tages forderte mich Carola auf, sofort zu gehen. Meine ständige Drückerei gefährdete auch sie.
Von da an war die Szene wieder mein Zuhause.
Ich schlief in Zügen, die im Hauptbahnhof auf dem Abstellgleis standen, in der B-Ebene des Bahnhofs oder, wenn es klappte, in der Bahnhofsmission. Durch die tägliche Arbeit im Büro hatte ich noch einen kleinen Halt, und manchmal gab mir der Chef Geld für ein Hotelzimmer. Gelegentlich schlief ich auch bei Bekannten.
Ich dachte an Selbstmord, aber dann fiel mir mein Kind ein,

und dann konnte ich nur noch heulen. Was fügte ich meinem ungeborenen Kind alles zu!
Längst nicht jede Woche, aber doch dann und wann traf ich mich mit Christian. Ich war gern mit ihm zusammen, aber ändern konnten unsere Gespräche auch nichts, weil ich ihm nicht die Wahrheit über meinen Zustand sagte.
Er schien das zu spüren, denn einmal sprach er es ganz klar aus.
»Ich frage dich nichts, Natascha«, sagte er leise, nachdem ich mir im Buffet-Vitesse des Bahnhofs auf seine Kosten ein Mittagessen und ein Stück Kuchen geholt hatte. »Du würdest mir ja doch nicht die Wahrheit sagen. Erzähl also, was du mir erzählen willst.«
»Ich will nur mit dir quatschen«, sagte ich.
»Dann quatsche«, sagte er.
Traurig lehnte er sich zurück. Nie habe ich in dieser Zeit eine Mahnung von ihm gehört oder einen Vorwurf. Aber an seinem Gesichtsausdruck merkte ich, daß er alles wußte. Bei seinen langjährigen Beziehungen zu Süchtigen wußte er natürlich auch, daß jedes Wort sinnlos war.
Wenn ich wollte, daß er kam, kam er zum nächstmöglichen Termin, und wenn ich wollte, daß er wieder ging, weil ich den nächsten Druck brauchte, ging er, langsam und traurig, auf seinen Stock gestützt. Ich schaute ihm nach, bis er zwischen den Menschen verschwunden war. Er drehte sich immer noch einmal um und winkte mir zu.
Im sechsten Schwangerschaftsmonat mußte ich ins Krankenhaus. Ich hätte sonst mein Kind verloren. Ich rief meine Mutter an und fragte, ob ich zu ihr kommen dürfe, um dort, in Saalheim, ins Krankenhaus zu gehen. In Frankfurt mochte ich nicht bleiben.
Meine Mutter sagte sofort zu, und ich informierte Christian. Einen Tag später fuhr ich nach Saalheim. Am Tag darauf

wurde ich im Krankenhaus aufgenommen, und ich überlegte mir schon, ob ich nicht bis zur Geburt meines Kindes bei meiner Mutter bleiben sollte.
Nach meiner Entlassung aus dem Krankenhaus blieb ich denn auch für einige Wochen zu Hause, aber an drei Tagen in der Woche fuhr ich nach Frankfurt, um dort im Büro zu arbeiten – und um zu drücken, denn in Saalheim kam ich nicht an harte Drogen. Schließlich hatte ich sogar einen Grund, um endgültig nach Frankfurt zurückzugehen. Meine Bewährungshelferin gab mir Bescheid, daß ich eine Wohnung bekommen könnte. Ich mußte also zurück, um mich um alles zu kümmern.
Meine Mutter machte mir noch den Vorschlag, mit mir zu kommen und mir bei allem zu helfen. Aber ich lehnte ab. Sie sollte nicht merken, wie es um mich stand.
Zwei Wochen später hatte ich meine Wohnung. Sie war zwar in einem so fürchterlichen Zustand, daß ich weinte, als ich sie zum erstenmal betrat, aber ich hatte ein Dach über dem Kopf. Bald schlüpften allerdings auch andere bei mir unter, aber das ist bei Junkies eben so. In zwei Monaten würde mein Kind auf die Welt kommen.

5

Natascha und Christian saßen im Buffet-Vitesse des Hauptbahnhofes. Natascha schlang gierig Spaghetti Bolognese herunter. Sie sah sehr schlecht aus, abgemagert und das Gesicht voller roter Flecken.
»Warum mache ich das?« fragte Natascha auf einmal verzweifelt. »Ich habe mir nichts so sehr gewünscht wie ein Kind. Und jetzt habe ich es vielleicht schon für sein ganzes Leben geschädigt. Bin ich denn wirklich so schlecht?«

»Du bist nicht schlecht«, sagte Christian, und seine Stimme zitterte ein wenig, »du bist krank, du bist süchtig.«
»Aber ich liebe mein Kind doch«, sagte Natascha leise und, nach einer Weile, noch leiser: »Glaubst du mir das?«
Christian dachte eine Weile nach.
»Ja«, sagte er dann. »Du liebst dein Kind so, wie ein süchtiger Mensch lieben kann.«
»Was heißt das?«
»Das heißt, daß dein Kind für dich irgendwann *nach* den Drogen kommt.«
Nataschas Augen füllten sich mit Tränen. »Was soll ich denn machen?« fragte sie hilflos.
»Was sagt denn der Arzt, der dich behandelt?« fragte Christian zurück.
Natascha wischte sich die Tränen aus dem Gesicht. »Der sagt, das einzige, was er zur Zeit tun kann, ist, den Schaden für das Kind möglichst gering zu halten. Er gibt mir Codein, als Ersatzdroge sozusagen.«
Sie blickte Christian gerade in die Augen. »Ich wollte mir heute ein neues Rezept holen, aber er hat mir keins mehr gegeben. Er meinte, das könnte er nicht verantworten, weil er mir erst vorgestern was verschrieben hätte.«
»Und was hast du mit dem Zeug gemacht?«
»Verkauft«, sagte Natascha, »weil ich was Stärkeres brauche. Weißt du, normalerweise komme ich mit dem Codein schon hin. Ich hab' so gut wie keinen Entzug, und das beruhigt auch total. Aber das Zeug macht nicht zu, das nimmt mir meine verfluchte Angst nicht weg.« Wieder liefen ihr Tränen über das Gesicht. »Ich halt's doch nicht aus, Christian, ich halt's nicht aus, daß ich mein Kind so quäle.«
»Und deshalb quälst du's mit jedem Druck ein bißchen mehr?«
Natascha schlug die Hände vors Gesicht und weinte. Aber

dann, plötzlich wischte sie die Tränen herunter und sagte mit etwas brüchiger Stimme zu Christian hin: »Schluß! Ich drücke nicht mehr. Ich muß den Entzug eben aushalten. Ich quäle mein Kind keine Sekunde länger.«
»Ja, Schluß, Natascha!« sagte Christian so laut, daß sich einige der Gäste zu den beiden hindrehten. »Hör auf, dich selbst zu belügen. In ganz kurzer Zeit wirst du dir deinen Druck machen. Und danach wird es dir für kurze Zeit einigermaßen gut gehen. Und dann solltest du deine Entscheidung treffen: Fahr bis zur Geburt deines Kindes zu deiner Mutter, oder komm zu mir.«

6

In den folgenden Wochen wurde es immer schlimmer mit Natascha. In ihrem Manuskript schreibt sie: Ich aß nichts mehr und mußte mich ständig übergeben. Schon am Abend mußte ich mir einen Druck für den nächsten Morgen fertigmachen, weil ich dann vor lauter Zittern und Kotzen keinen Löffel mehr halten konnte. So konnte es nicht mehr weitergehen. Fast genau einen Monat vor der Geburt meines Kindes fuhr ich endlich zu Christian.
»Ich muß entziehen«, sagte Natascha, als sie auf dem Sofa in seinem Büro saß. »Ich habe noch etwas Codein bei mir. Ich hoffe, daß ich damit über das Schlimmste hinwegkomme.«
Christian schaute sie lange an.
»Ich weiß, wie schlecht ich aussehe«, sagte Natascha schließlich leise.
»Ich fürchte, du mußt zum Entzug in eine Psychiatrie gehen«, sagte Christian. »Allein schaffen wir das nicht.«
»In die Klapse gehe ich auf keinen Fall. Wenn du mich wegschickst, gehe ich zur Szene zurück. In der Klapse halte

ich's nicht aus. Die stecken mich ins Bett, und der Fall ist für sie erledigt. Aber ich kann jetzt nicht allein sein. Ich brauche einen Menschen, der ganz allein für mich da ist. Verstehst du, was ich meine. Ich halte es nicht aus, wenn du nicht bei mir bist. Wenn du mich nicht festhältst. Verstehst du, was ich sagen will?«
»Versuchen wir's«, sagte Christian nach einer Weile. »Möchtest du etwas essen, trinken?«
»Eigentlich nicht«, sagte Natascha, aber dann aß sie doch eine Scheibe Brot mit Marmelade und trank ein paar Gläser Orangensaft.
»Sei nicht böse«, sagte sie plötzlich leise. »Ich möchte schlafen gehen. Heute kann ich's noch, zumindest hoffe ich das.«
Christian machte in seinem Schlafzimmer das Bett für Natascha, die sich sofort hinlegte. »Schlaf gut«, sagte Christian und küßte sie leicht auf die Wange. »Weck mich, wenn du quatschen möchtest oder sonst etwas nicht in Ordnung ist.« Natascha nickte mit geschlossenen Augen.
In seinem Büro machte sich Christian das Sofa für die Nacht fertig. Auch er würde unter diesen Umständen früh schlafen gehen, denn morgen stand ihm ein harter Tag bevor, vorausgesetzt, daß es Natascha überhaupt bei ihm aushielt. Aber auch wenn sie gehen sollte, würde das für ihn sehr schwer sein. Er hatte sie noch nie so elend gesehen. Allerdings konnte Christian erst einschlafen, nachdem er ein großes Glas Rotwein getrunken hatte. Und auch dann schlief er nur halb, und immer wieder stand er leise auf, um nach Natascha zu sehen.
Sie war ständig in Schweiß gebadet. Vorsichtig wischte er ihr mit einem Frotteetuch das eingefallene Gesicht trocken. Natascha murmelte irgend etwas vor sich hin, was Christian nicht verstand. Aber sie träumte ganz gewiß nichts Gu-

tes, denn ihr Gesicht verzog sich immer wieder in Schmerz und Angst. Zumindest glaubte Christian, daß es Angst war, denn Nataschas Augen waren geschlossen. Immer wieder warf sie sich hin und her. Wenn sie auf dem Bauch lag, drehte er sie vorsichtig auf die Seite zurück, denn er wollte nicht, daß sie ihrem Kind wehtat, indem sie auf ihm lag.
Am Morgen stand Natascha, die Langschläferin, für ihre Verhältnisse sehr früh auf. Sie hielt es nicht mehr aus im Bett, alles tat ihr weh, sie konnte sich legen, wie immer sie wollte. Sogar auf die geliebte Dusche verzichtete sie, denn sie konnte die Berührung des Wassers nicht mehr ertragen. Zum Frühstück aß sie wieder nur ein Marmeladebrot und trank ein Glas kalte Milch. »Ich hab' schlecht geschlafen«, sagte sie. »Ich war die ganze Nacht auf der Szene. Überall drückten sich die Leute was. Ich wollte mir auch was besorgen, aber ich hatte kein Geld mehr.«
Die beiden machten einen Spaziergang, zweimal ums Haus, und setzten sich dann auf eine Bank.
»Weißt du, was ich jetzt gern möchte?« fragte Natascha, indem sie ihren Kopf an Christians Schulter lehnte.
»Du möchtest dir einen Druck machen.«
Natascha schaute Christian an. »Hältst du das eigentlich aus mit mir? Du hast doch selber deine Probleme. Sag's ruhig ganz offen, wenn du's nicht mehr packst. Ich versteh' das schon. Ich gehe dann. Ich bin dir nicht böse.«
»Suchst du einen Grund, um mit gutem Gewissen weggehen zu können?«
Natascha starrte lange vor sich hin.
»Vielleicht«, sagte sie dann leise.
Christian nahm ihre Hand, wollte sie drücken, erinnerte sich dann aber daran, daß körperliche Berührungen Süchtigen in bestimmten Phasen des Entzugs unverhältnismäßig große Schmerzen bereiten. Er hielt Nataschas Hand

deshalb nur ganz leicht und sagte ruhig: »Kümmere dich bitte nur um dich. Ich sag schon Bescheid, wenn ich mit meinen Kräften am Ende bin. Und dann überlegen wir gemeinsam, was wir dann tun.«
»Ja«, sagte Natascha leise.
Zu Mittag war es fast soweit. Christian erlitt einen Schwächeanfall. Die beiden hatten lustlos in dem Kartoffelsalat herumgestochert, den Christian noch in seinem Kühlschrank gehabt hatte.
Plötzlich war ihm schwarz vor Augen geworden. Er kannte dieses Gefühl. Er hatte einen Kreislaufkollaps. Wenn er sich nicht sofort hinlegte, würde er umfallen und für einige Minuten bewußtlos liegenbleiben. Normalerweise war die Sache dann zumindest für ein halbes Jahr vorüber. Aber seit seinem Gehirnschlag geriet er in Panik, wenn er spürte, daß wieder einmal ein Kollaps nahte.
Mühsam erhob er sich, die Rechte schwer auf den Tisch gestützt, die spastisch gelähmte Linke baumelte vor seiner Brust. Er spürte genau, wie sich auf seiner Stirn kalter Schweiß bildete. »Ich muß mich mal eben kurz hinlegen«, würgte er hervor. Natascha sagte erschrocken etwas, was er nicht verstand. Er spürte noch, daß er auf sein Sofa fiel. Dann war die Ohnmacht da, die irgendwann – Christian hätte keine Zeit angeben können – in einen unruhigen Schlaf überging. Wirklichkeit und Traum gingen bruchlos ineinander über.
Christian sah, wie Natascha plötzlich vom Tisch aufstand und das Zimmer verließ. Kurz darauf schlug seine Wohnungstür zu. Christian erschrak.
Natascha ging zurück zur Szene! Er mußte sie aufhalten! Mühsam stemmte er sich vom Sofa hoch. Seine Beine versagten ihm fast den Dienst. Er hinkte auf den Flur und dann ins Treppenhaus. Kein Laut war zu hören, nichts zu sehen. Christian lief die Treppen hinunter.

Schneller, ging es ihm durch den Sinn, du mußt schneller laufen. Aber statt dessen ging es mit jedem Schritt langsamer und immer langsamer, und die Treppen hörten und hörten nicht auf.
Unendlich lang zogen sie sich hin, wollten kein Ende nehmen. Er mußte viele Stunden gegangen sein, meinte Christian, als er endlich schweißgebadet und am ganzen Körper zitternd unten ankam.
Mit letzter Kraft stieß er die Haustür auf. Natascha verschwand gerade zwischen den Menschen in einer unendlich langen Straße. Christian wollte hinter ihr her, aber er hatte seinen Stock in der Wohnung vergessen. Kraftlos fiel er auf den Bürgersteig.
»Natascha«, schrie er, so laut er konnte, aber die Menschen gingen weiter, als gäbe es ihn gar nicht. Niemand sah oder hörte ihn. Er nahm seine letzten Kräfte zusammen.
»Natascha! Komm zurück!«
Kein Laut kam aus seinem Mund. Seine Augen füllten sich mit Tränen ohnmächtiger Wut, sein Kopf schlug hart auf das Straßenpflaster – und er erwachte.
Natascha saß an seinem Schreibtisch und las in seinen Manuskripten. Christian langte nach seinem Taschentuch und wischte sich den Schweiß aus dem Gesicht.
Natascha wandte sich zu ihm hin.
»Du träumst auch schlecht, wenn du schläfst, stimmt's? Du hast dich ständig hin und her geworfen. Ich hatte schon Angst, daß du vom Sofa fällst!«
Christian versuchte, die Reste seines Alptraumes abzuschütteln. »Hast du auch ein bißchen schlafen können?« fragte er.
Natascha nickte. »Ich hab' mir meine letzten Codein-Kapseln reingezogen, und da ging's mir erheblich besser. Die Nacht wird zwar hart werden, aber morgen früh dürfte das

Schlimmste überstanden sein. Wenn du magst, würde ich jetzt noch gern einen Spaziergang mit dir machen. Ich möchte etwas müde werden für heute nacht.«

Wieder gingen die beiden zweimal um das Haus herum. Dann setzten sie sich auf die Bank, wo sie schon am Vormittag gesessen hatten.

»Morgen kann ich auch wieder zu meinem Arzt gehen wegen eines neuen Codeinrezepts«, begann Natascha die Unterhaltung. »Allerdings«, sie schaute Christian von der Seite an, »gibt's da ein Problem. Hoffentlich bist du gut bei Kasse.«

»Bin ich nicht«, sagte Christian, »aber ich weiß, was du meinst. Ich hab's in der Zeitung gelesen. Das Sozialamt übernimmt die Rezeptkosten nicht mehr.«

Christian hatte sich bereits von einem befreundeten Drogenberater über die Folgen dieser Maßnahmen unterrichten lassen. Die Ärzte verschrieben ihren Patienten nach wie vor die benötigten Medikamente. Da das Sozialamt – anderswo versichert war die überwiegende Mehrheit der Junkies ja nicht – aber nicht bezahlte, standen die Süchtigen vor den Apotheken und konnten nicht an ihre Arznei. Dafür kamen jede Menge Dealer und kauften den Junkies die Rezepte für höchstens den halben Preis des Medikamentenwertes ab. Die Junkies konnten sich dann etwas drücken, und die Dealer verkauften die Medikamente mit entsprechendem Aufschlag weiter, nicht selten an dieselben Süchtigen, von denen sie die Rezepte erstanden hatten.

»Was der Arzt dir als unbedingt notwendig verschreibt, das bezahle ich dir, solange ich kann. Dein Kind soll so wenig wie möglich leiden.«

»Danke«, sagte Natascha. »Ich glaube, daß ich jetzt wenigstens im letzten Monat clean bleiben kann, von dem Codein mal abgesehen. Ich muß es schaffen, Christian! Und ich muß dir noch was sagen. Bisher habe ich's nicht getan, weil ich dich nicht noch mehr belasten wollte.« Sie machte eine Pause und schaute lange vor sich hin. Endlich sprach sie leise weiter: »In den letzten Monaten dachte ich sehr oft ans Sterben, und ich wünschte mir, nach einem guten Druck einmal nicht mehr aufzuwachen. Zum erstenmal hatte ich das so um Weihnachten herum. Da habe ich mir – ohne es zu wollen – eine Überdosis gesetzt. Ich lag auf meinem Bett und fühlte, wie ich immer ruhiger wurde. Ich spürte, wie mein Herz immer langsamer und langsamer schlug. Bald würde es stehenbleiben. Mein Leben lief vor mir ab wie ein Film, aber rückwärts, bis in meine Kindheit hinein. Und alles war Frieden. – Es war ein unvergleichlich schönes Gefühl.«

»Ich glaube, ich kenn's«, sagte Christian. »Ich erinnere mich an etwas Ähnliches, als ich mit meinem Schlag auf der Intensivstation lag. Da hatte ich einmal für ganz kurze Zeit einen Herzstillstand. Aber dann stürmte eine Traube weißgekleideter Menschen in mein Zimmer und holte mich in die Wirklichkeit zurück. In diesem Augenblick fand ich das gar nicht gut.«

Natascha nickte langsam. »Bei mir war's ein Bekannter, der damals bei mir untergeschlüpft war. Er hat die Tür eingetreten.« Natascha blickte Christian an. »Glaubst du, daß das beim Sterben immer so ist?«

»Ich glaub' ja«, sagte Christian, »zumindest hab' ich das schon oft gehört. Aber eines ist sicher: Was immer auch beim Sterben passiert, es entgeht uns nicht. Wir können unser Sterben nicht verpassen. Aber wir können unser Leben verpassen.«

Natascha lächelte traurig. Dann sagte sie, noch leiser als eben: »Ich habe mir seitdem ziemlich oft sehr hohe Dosen gesetzt und hoffte jedesmal, nicht mehr aufzuwachen. Ich

bin fast süchtig geworden nach dem Gefühl, von dem ich dir eben erzählt habe.«
»Noch einmal, Natascha«, sagte Christian plötzlich hart, »dieses Gefühl entgeht dir nicht. Du wirst es haben, wenn du an der Reihe bist. Vordrängen ist unfair. Außerdem ist jetzt erst einmal ein anderes Gefühl angesagt: das Gefühl, das eine Frau hat, die ein Kind zur Welt bringt. Und das ist nach dem Tod nicht mehr möglich.«
Natascha schaute lange still vor sich hin.
»Laß uns zu dir gehen«, sagte sie dann. »Die Wirkung des Codein läßt schon nach. Jetzt mußt du es irgendwie schaffen, mich von meinem Entzug abzulenken.«
»Aber so etwas mache ich doch jeden Tag!« Eigentlich sollte Christians Stimme froh und sorglos klingen, aber sie klang wie ein Hilferuf.

7

»Laß uns etwas spielen«, sagte Natascha und wischte sich den Schweiß aus dem Gesicht. »Irgend etwas, ganz egal!« Die beiden saßen noch am Abendbrottisch. Aber Natascha hatte keinen Bissen mehr herunterbekommen. »Das kommt doch alles wieder raus«, hatte sie gesagt und nur ein Glas Saft getrunken. Auch Christian konnte nichts essen. Er stand auf und ging zu seinem Schreibtisch. Ohne daß es Natascha merkte, schüttete er sich dort einen Wodka ein und kippte ihn mit einem Zug. Er wollte sich schon einen zweiten eingießen, aber ihm fiel ein, daß er danach nur noch mit größter Konzentration würde sprechen können. Also stellte er die Flasche wieder zurück und sagte: »Komm rüber, Natascha, setz dich aufs Sofa. Das ist bequemer. – Was möchtest du spielen?«

»Ist doch egal. Karten oder Mensch ärgere dich nicht oder Schach. – Nein, Schach packe ich nicht mehr. – Ich hab' eine bessere Idee. Du kannst so gut erzählen. Erzähl mir was. Irgendwas aus deinem Leben!« Sie kam ins Büro und ließ sich auf das Sofa fallen.
Christian drehte sich auf seinem Schreibtischsessel zu ihr hin. Und er erzählte:
Er sprach von seinen Reisen nach Chile auf Einladung der dortigen Kirche. Er sollte sich über die Situation im Land informieren und dann in der Bundesrepublik Deutschland Solidarität organisieren.
Christian erzählte von den Kindern, die sich Morgen für Morgen aus ihren Elendssiedlungen am Rand der Hauptstadt aufmachten, um im Zentrum ein paar, meist gestohlene Gegenstände zu verkaufen, sich zu prostituieren oder zu stehlen. Natascha hörte mit geschlossenen Augen zu, ihr Gesicht war ganz starr, von Schweißtropfen übersät.
»Kannst du noch zuhören?« fragte Christian.
»Rede weiter«, flüsterte Natascha. »Rede bloß weiter. Sonst dreh ich durch.«
»Aber das, was die Kinder verdienten, reichte natürlich nicht aus zum Leben«, erzählte Christian weiter. »Immer wieder trafen sich die Kinder zu kleinen Gruppen zusammen, legten die eingenommenen Pesos in der Mitte ihres Kreises auf ein Häufchen und zählten. Manchmal ging danach einer der größeren von ihnen in einen Supermarkt und kam mit zwei oder drei Flaschen chilenischen Landweins wieder heraus. Dann suchten sich die Kinder einen stillen Platz zwischen verfallenen Häusern. Gierig tranken sie den Alkohol. Jetzt hatten sie keinen Hunger mehr, und im Winter froren sie nicht. Sie kuschelten sich zusammen wie kleine Tiere und schliefen ein paar Stunden. Dann ging das Spiel wieder von vorne los. Manchmal wurden sie auch

von Carabineros geweckt, die brutal in das Kinderknäuel traten. Dann flüchteten die Kleinen. Manchmal reichte der Verdienst der Kinder aber nicht einmal für eine Flasche Wein aus. Dann kauften sie sich Neopren. Das ist ein Leim, der vor allem zum Kleben von Schuhen benutzt wird. Die Kinder atmen die Leimdünste ein, aber das Zeug zerstört das Gehirn. Die Kinder werden schwachsinnig und sterben schließlich.«

Nachdem er etwa eine Stunde fast ununterbrochen geredet hatte, konnte Christian nicht mehr. Auch das war eine Folge seines Gehirnschlags. Er konnte nicht mehr sauber artikulieren und verlor die Gewalt über Geschwindigkeit und Lautstärke des Gesagten.

»Ich muß mal Pause machen«, stieß er mühsam hervor.

Natascha schüttelte den Kopf, ohne die Augen zu öffnen. »Keine Pause! Mach bitte den Fernseher an oder das Radio!«

Christian erhob sich mühsam. Beim ersten Versuch fiel er kraftlos zurück in den Sessel. Das Sprechen hatte ihn so geschwächt, daß er sich auf seinen Stock stützen mußte, um einen Weg von nicht mehr als drei Metern zurückzulegen. Er hatte eine Idee. Aus der Schreibtischschublade suchte er eine Kassette hervor und steckte sie in den Recorder.

»Du redest ja auf einmal ganz anders«, sagte Natascha und öffnete die Augen.

»Ich rede überhaupt nicht. Das ist der Mitschnitt eines Rundfunkinterviews, das irgendein Sender vor zwei Jahren, also ein Jahr vor dem Schlag, mit mir gemacht hat«, erklärte Christian. Und dann hörte er sich selber zu.

Reporter: Wie sieht ein typischer Tag für Sie aus?

Christian: Oft muß ich am Vormittag in Schulen. Da stehen dann normalerweise drei Lesungen mit Diskussion an.

Manchmal sind Leute von der Drogenberatung dabei. Dann ist es für mich leichter, denn ich hab' Hilfe bei der Diskussion. Aber oft muß ich auch zum Gericht. Ich versuche dann, ein Urteil zu erreichen, wonach die Leute Therapie statt Strafe machen können. Oder ich besuche meine Freunde in Krankenhäusern, Psychiatrien oder Gefängnissen. Oft geht dabei gleich der ganze Tag drauf. Manchmal habe ich abends irgendwo in einer Bücherei noch eine Lesung. Auf der Fahrt, also in den Zügen, entstehen meist die Konzepte meiner Bücher. Manchmal schlafe ich allerdings auch. Die Reinschrift meiner Bücher mache ich bei mir am Schreibtisch. Dazu brauche ich Ruhe. Ich nehme mir einen Monat dafür Zeit. Dann kann ich für die Süchtigen natürlich nur das Allernotwendigste tun.
Reporter: Was ist das?
Christian (macht eine Pause): Ach, so ungefähr alles, was ich eben erzählt habe. Irgendwie geht das schon, weil es gehen muß.
Reporter: Wie oft sind Sie auf der Szene?
Christian: Sicher dreimal in der Woche für einen Nachmittag und Abend. Ich tue nicht viel dort. Ich lasse die Leute reden, wenn sie reden wollen; ich nehme sie auch in den Arm, wenn sie das wollen, und ich versuche, ihnen Mut zum Ausstieg zu machen, wenn ich den Eindruck habe, daß das im Moment ein kleines bißchen Sinn haben könnte. Manchmal, wenn es sich ergibt, schlafen auch Leute bei mir.
Reporter: Werden Sie nicht oft enttäuscht?
Christian: Ständig.
Natascha hob den Arm. »Schalt mal bitte einen Moment ab. Ich muß aufs Klo. – Aber das interessiert mich.«
Christian drückte von seinem Schreibtischsessel auf den Abstellknopf. Heute wäre ich schneller mit der Aufzählung

meiner Aktivitäten fertig, ging es ihm fast traurig durch den Kopf. Manchmal halte ich noch Lesungen und Diskussionen, allerdings höchstens zwei am Tag, und da ich so gut wie gar nicht mehr zur Szene gehe, habe ich noch Kontakt zu einer Handvoll Junkies. Die kommen zu mir... Aber vielleicht wird's ja wieder mal besser mit mir.
Christian hörte, wie Natascha auf der Toilette schwer würgte. Er wollte schon zu ihr hinübergehen, aber in diesem Augenblick ging die Tür auf, und sie kam zurück, kreidebleich und mit etwas unsicheren Schritten.
»Das wird jetzt wahrscheinlich die ganze Nacht so gehen«, sagte sie nur leise. »Mach das Band bitte wieder an.«
Christian drückte den Knopf.
Reporter: Steckt dieses ständige Zusammensein mit Süchtigen eigentlich nicht an? Ich meine, Sie haben gesagt, daß die Leute alle ihre Probleme mit Drogen einfach zur Seite drücken. Möchten Sie das manchmal nicht am liebsten auch tun?
Christian: Ich trinke ganz sicher viel zu viel Alkohol, und gegen den Kater schlucke ich Pillen. Wenn ich das nicht bald in den Griff kriege, kann ich nicht mehr für mich garantieren.
Reporter: Woher nehmen Sie Ihre Kraft?
Christian: Ich nehme sie nicht. Ich will damit sagen, daß ich keine Methode habe: autogenes Training, Rohkost oder so. Ich habe die Erfahrung gemacht, daß mir die für meine Arbeit notwendige Kraft immer gegeben wurde. Und ich vertraue darauf, daß das auch weiterhin so sein wird. Ich mache mir keine Sorgen um mich.
Reporter: Wie lange wollen Sie dieses Leben noch weiter führen?
Christian: Ach, das weiß ich nicht. Mal sehen, wie lange es geht. Eine Weile bestimmt noch.

»Ein knappes halbes Jahr ging es noch«, sagte Christian halblaut zu Natascha hin. Dann war die Kassette zu Ende, und Christian wollte sie umdrehen.
»Ich pack's nicht mehr. Ich muß mich hinlegen, sonst brech ich zusammen.«
Mühsam versuchte Natascha, sich vom Sofa hochzudrükken, aber sie sank immer wieder zurück. Inzwischen lief der Schweiß in Strömen über ihr Gesicht.
»Es geht nicht«, stöhnte sie. »Meinst du, daß du mich stützen kannst.«
Christian nahm seinen Stock fest in die rechte Hand und setzte sich neben Natascha auf das Sofa. Die legte ihren Arm um seine Schultern. Vorsichtig standen die beiden auf, Natascha stöhnte vor Schmerz und hinkte langsam hinüber ins Schlafzimmer. Schwer ließ sich Natascha dort auf das Bett fallen. »Laß das Licht bitte brennen«, flüsterte sie. »Das ist gut gegen die Angst. – Und schlaf gut, Christian. Schlaf du wenigstens gut.«
Christian ging zurück in sein Büro und legte sich aufs Sofa. Lange Zeit starrte er gegen die Decke. In kurzen Abständen hörte er, wie Natascha sich immer wieder auf die Toilette schleppte. Manchmal würgte sie schwer.
Christians Gedanken kreisten um das Interview, aus dem er eben einen Auszug gehört hatte. Er erinnerte sich ganz genau.
Einen vollen Vormittag lang hatte er Rede und Antwort stehen müssen. Damals war das ein Vergnügen für ihn gewesen. Einige seiner Antworten beschäftigten ihn plötzlich. Ständig hatte er sinngemäß gesagt: »Über mich selbst denke ich nicht weiter nach.« – »Es wird schon irgendwie gehen.« – »Ich vertraue darauf, daß ich immer die notwendige Kraft haben werde.« – »Um mich selbst mache ich mir keine Sorgen.« – Diese Haltung war typisch für Christian

gewesen. Genauso war er damals. Über sich selbst dachte er nicht nach. Wenn seine Sorgen zu groß wurden, trank er soviel Alkohol, daß alles wieder erträglich war, und wenn er fürchtete, einmal kräftemäßig eine Lesung nicht mehr durchstehen zu können, half er immer häufiger mit Aufputschmitteln nach. Was unterschied ihn eigentlich von der jungen Frau, die sich im Nebenzimmer stöhnend herumwarf, außer der Tatsache, daß *seine* Droge fast schon zum guten Ton gehörte? Eine Zeitung hatte sogar einmal im Kommentar zu einem Interview mit ihm geschrieben: Bei dem, was dieser Mann mitmacht, kann es nicht ausbleiben, daß er trinkt.

Was Natascha mitgemacht hatte, lange bevor sie sich mit dem Aidsvirus infizierte, interessierte nur sehr wenige. Junkies sind für unsere Gesellschaft kriminell.

»Christian!«

Christian fuhr hoch. Er war etwas eingedöst und deshalb unsicher, ob er träumte oder ob Natascha wirklich rief.

»Christian!«

»Ich komme.«

Christian lief ins Schlafzimmer hinüber. Eine totenblasse, zitternde Natascha starrte ihn aus weit aufgerissenen Augen an.

»Hast du nicht irgendwelche Tabletten im Haus, egal was für welche, Grippemittel, was gegen Erkältung oder ganz einfach Aspirin. Irgendwas brauch ich!«

»Ich hab' keine Tabletten, Natascha, ich kann dir höchstens ein Glas Schnaps geben, aber ob das gut ist für dein Kind?«

Natascha schüttelte den Kopf. »Alkohol würde ich sofort wieder auskotzen. – Aber du kennst doch die Leute hier im Haus. Irgend jemand muß doch Schmerztabletten haben.«

Christian schaute auf die Uhr. »Es ist nach zwei Uhr nachts.«

Nataschas Gesicht verkrampfte sich wie bei einer Kolik. »Es hat keinen Sinn«, stöhnte sie. »Ruf den Notarzt.«
Der Arzt war zehn Minuten später da.
Christian kannte ihn inzwischen, er hatte schon häufig seine Hilfe beansprucht, wenn Fixer bei ihm übernachteten. Aber seit Christians Gehirnschlag hatten sich die beiden nicht mehr gesehen.
Das geschulte Auge des Arztes sah sofort, was mit Christian los war. »Also nicht einmal ein Schlaganfall reicht Ihnen«, sagte er traurig lächelnd. »Na ja, manche lernen es eben nie. Ich wahrscheinlich auch nicht.«
Er ging an Christian vorbei den ihm vertrauten Weg ins Schlafzimmer. Stumm packte er Blutdruckmesser und Stethoskop aus, fühlte Nataschas Puls, hörte sie ab, maß den Blutdruck.
»Ich brauch' ganz dringend Codein«, flüsterte Natascha. »Das verschreibt mir mein Hausarzt immer.«
»Dann klingeln Sie Ihren Hausarzt aus dem Bett«, sagte der Arzt ruhig. »Über das, was Sie wirklich brauchen, diskutiere ich jetzt nicht mit Ihnen. Aber Sie sind hochschwanger, und in Ihrem gegenwärtigen Zustand brauchen Sie nichts so notwendig wie ärztliche Überwachung. Ich schreibe Ihnen eine Einweisung in die Psychiatrie. Ihr Freund wird es hoffentlich schaffen, Ihre Einwilligung zu erreichen.« Er kritzelte etwas auf zwei grüne Zettel, die er Christian hinhielt. »Erklären Sie der Dame ihre Situation«, sagte er. »Das können Sie wahrscheinlich besser als ich. Und dann rufen Sie ganz schnell den Krankenwagen.«
Während er sprach, hatte der Arzt seine Instrumente wieder eingepackt. In der Wohnungstür sagte er zu Christian hin: »Ich wünsche Ihnen alles Gute, obwohl – wenn Sie so weitermachen, steht Ihnen noch viel Böses bevor. Aber jeder, wie er mag.«

Christian kippte in seinem Büro einen großen Wodka und ging zurück ins Schlafzimmer.
»Was soll ich dir viel erklären?« sagte er, und seine Stimme zitterte leicht. »Was mit dir los ist, weißt du doch viel besser als ich. Ich rufe den Krankenwagen.«
»Bevor der hier ist, bin ich weg«, würgte Natascha hervor. »Ich geh nicht in die Psychiatrie. Ich hab' Angst, eingesperrt zu sein. Ich treibe mir jetzt irgendwo einen Druck auf.« Mühsam setzte sie sich auf, versuchte mehrfach aufzustehen. Ihre Beine zitterten.
»Ich schaff's schon«, stammelte sie. »Ich schaff's schon. Aber in die Klapse geh ich nicht.«
»Leg dich wieder hin, Natascha«, sagte Christian leise. »Wenn du nicht in die Psychiatrie willst, mußt du eben hierbleiben. Lange hältst du's ohnehin nicht mehr durch, und sobald du bewußtlos bist, rufe ich den Krankenwagen. Etwas anderes kann ich deinem Kind gegenüber nicht verantworten.«
»Bleib bei mir sitzen«, flüsterte Natascha, »vielleicht packe ich's dann ja doch noch.«
Christian wußte nicht warum, ganz plötzlich hatte er eine Eingebung. Er suchte aus dem Schrank eine Kasperlepuppe hervor, die ihm vor vielen Jahren einmal eine Arbeitskollegin geschenkt hatte. Er streifte sie sich über die rechte Hand und setzte sich vorsichtig zu Natascha aufs Bett. Natascha öffnete die Augen und mußte trotz ihrer Schmerzen lächeln. Sie streckte die abgemagerten Arme nach dem Kasper aus und streichelte ihm zärtlich über den Kopf. »Hallo Kleiner«, sagte sie leise. »Wo kommst du denn auf einmal her?«
Obwohl fest an Christians Hand und mit dessen, von physischer und psychischer Überanstrengung krächzenden und sich immer wieder überschlagenden Stimme spre-

chend, gewann die Puppe ein Eigenleben zwischen den beiden.
»Wo ich herkomme?« schimpfte der Kasper, »na, woher denn wohl, du dusselige Kuh!«
Natascha lachte so sehr, daß sie sich die Hände gegen den schmerzenden Leib pressen mußte.
»Ich bin ein Bewohner dieses Hauses«, schrie der Kasper mit überschnappender Stimme. »Und zwar ein anständiger Bewohner. Am Tag, wenn manche Leute nichts anderes tun als drücken und saufen«, er wandte sein Gesicht mit der langen Nase erst Natascha zu und dann Christian, »gehe ich einer geregelten und für die Gesellschaft nützlichen Arbeit nach. Ich hab' ein Bestattungsunternehmen. Und deshalb, meine Dame«, Blick zu Natascha, »mein Herr«, Blick auf Christian, »brauche ich nachts meinen Schlaf.« Dann kreischte er plötzlich los: »Und deshalb möchte ich mich in aller Form über den unerträglichen Lärm hier beschweren!«
Natascha kraulte der Puppe das Fellchen, aus dem das Kopfhaar gemacht war. »Entschuldigen Sie vielmals, Herr Bestattungsunternehmer«, fast lächelte sie den Kasper an. »Uns geht es nicht besonders gut. Wir sind ein bißchen krank.«
Kasper schaute Christian an.
»Die Alte hat Humor. Ein bißchen krank!« Kasper bog sich vor Lachen. »Die Tante hat sich einen Aidsvirus zwischen die Rippen gedrückt, und ihr Freund und Helfer hat sich aus lauter Solidarität mit den armen Junkies einen Gehirnschlag angesoffen! – Hören Sie mir gut zu«, Blick auf Natascha, »meine Dame«, Blick auf Christian, »mein Herr«, Kasper konnte nur noch krächzen: »Sie sind nicht ein bißchen krank, sondern fast tot – und zwar alle beide. Ich warte schon darauf, daß Sie endlich umgehen. Verstanden?«

»Wenn wir umgehen«, sagte Natascha und kitzelte Kasper am Bauch, »seien Sie doch so nett und bringen uns ins nächste Krankenhaus. Der Notarzt hat schon eine Einweisung geschrieben.«
Kasper schaute zu Christian hin. »Das Schöne an den Junkies ist«, krächzte er, »daß die nie etwas kapieren. Ich bin kein Arzt, sondern ein Leichenbestatter, und ich habe auch keinen Krankenwagen, sondern einen Leichenwagen«, wieder bog Kasper sich in wahnsinnigem Gelächter, »und damit bringe ich euch auf den Friedhof. Und eure komische Love-Story verkaufe ich an die Bildzeitung.«
Aus Nataschas Gesicht wich alles Lachen, und sie ließ die Puppe los, um die sie bis jetzt fast zärtlich ihre Hände gelegt hatte.
»Tut mir leid«, sagte Kasper leise, »ich wollte niemanden verschrecken, aber das mußte einfach mal gesagt werden. Aber jetzt«, Blick auf Natascha, »meine Dame«, Blick auf Christian, »mein Herr, sollten wir endlich schlafen. Es war ein langer und harter Tag, und Härteres steht uns bevor.«
Kasper hatte jetzt wieder seine herausfordernde Arroganz in der Stimme. »Ich sing uns allen noch ein Gute-Nacht-Lied.« Und dann grölte er los, daß Natascha erschrocken zusammenfuhr, aber sie konnte wieder lachen.
»Guten Abend, gute Nacht, mit Rosen bedacht,
mit Lilien besteckt, schlüpf unter die Deck'.
Morgen früh, wenn Gott will, wirst du wieder geweckt…
Und alle«, krächzte Kasper mit sich überschlagender Stimme, und Natascha sang mit, obwohl ihre Stimme noch um einiges kaputter war als die von Christian:
»Morgen früh, wenn Gott will, wirst du wieder geweckt.«
Im Zimmer war es einige Minuten lang ganz still.
»Ich versuch's mal mit schlafen«, sagte Natascha leise.
Christian streichelte ihr leicht die schweißnasse Hand und

ging ins Büro hinüber, wo er sich noch einen Wodka eingoß. Im Gegensatz zum Nachmittag schlief er tief und traumlos, und als er erwachte, war es schon später Morgen.

8

Natascha lag noch im Bett, war aber schon wach, als Christian zu ihr hinüberging. »Wie geht's dir denn?« fragte er leise. Natascha versuchte zu lächeln. »Schlecht geht's mir. Ich komme mir vor, als wenn mir jemand alle Knochen kaputtgeschlagen hätte. Aber es geht besser als in der Nacht; das Schlimmste scheint vorüber zu sein.« Natascha richtete sich auf. »Ich brauche aber unbedingt mein Codein. Es wäre gut, wenn du mit mir zum Arzt fahren könntest, sonst lande ich wahrscheinlich doch wieder auf der Szene.«

Christian kochte Kaffee, dann frühstückten die beiden. Immerhin hatte sich Natascha heute wieder waschen können. Als sie ihr Marmeladebrot aß – mit sehr wenig Appetit –, sagte sie plötzlich: »Du hast mir vor einiger Zeit mal gesagt, daß du mir helfen würdest, meine Wohnung einzurichten. Die ist ganz leer, und ich muß damit rechnen, daß das Jugendamt kontrollieren kommt, sobald ich das Kind habe. Die Möbel hab' ich schon bestellt, die kommen wahrscheinlich in der nächsten Woche. Die Kosten übernimmt das Sozialamt.«

»Und was übernimmt das Sozialamt nicht?« fragte Christian.

»Es geht ums Geschirr.« Natascha blickte Christian gerade in die Augen. »Ich will dich nicht belügen. Ich hab' schon 100 Mark dafür bekommen. Aber die hab' ich verdrückt, und wenn ich dem Sozi keine Belege mitbringe, bekomme ich kein Geld mehr.«

Christian dachte nach.
»Dein Buch wird bald erscheinen«, sagte er dann. »Das wird dir etwas einbringen. Ich strecke dir das Geld vor.«
»Dann kaufen wir das Geschirr heute zusammen«, freute sich Natascha. »Ich find's gut, wenn wir wenigstens einiges in der Wohnung gemeinsam einrichten.« Sie langte über den Tisch hinweg nach Christians Hand. »Ich weiß, daß du ein unheilbarer Einzelgänger bist, und ich finde das gut, denn irgendwie bin ich genauso. Aber ich fühle mich wohl bei dir, denn wo du bist, habe ich ein Stück Heimat. Ich möchte, daß du dich auch bei mir geborgen fühlst. Ich möchte, daß meine Wohnung dir gefällt und daß du uns einfach mal besuchst, aus keinem anderen Grund, als daß du dich wohlfühlst bei uns.«
»Bei uns?« fragte Christian.
»Ich bin ganz sicher, daß mein Kind dich mögen wird«, sagte Natascha ruhig. »In meinen Traum von einem Kind hat zwar nie ein Mann gehört, aber ich find's gut, wenn ein Kind einen Opa hat.«
»Du kriegst gleich eine geknallt«, raunzte Christian über den Tisch hinweg.
Die beiden fuhren nach dem Frühstück in die Trabantenstadt Bonames, wo Natascha in einem der riesigen, häßlichen Hochhäuser ihre Wohnung hatte, nur wenige hundert Meter von der Praxis ihres Arztes entfernt. Christian wartete auf einer Bank, in einer zwischen den Häusern künstlich angelegten Grünfläche. Sogar ein paar Bäume hatte die Stadt gepflanzt, nachdem die Vielzahl der Bäume zuerst einmal den Hochhäusern hatte weichen müssen.
Christian hatte höchstens zwanzig Minuten gewartet, bis Natascha mit dem Rezept neben ihm stand. »Das muß für eine Woche reichen.«
Die beiden gingen in die nächste Apotheke, und Natascha

schluckte sofort eine ganze Anzahl von Kapseln. Die Apothekerin schien das gewohnt zu sein, denn mit dem Medikament brachte sie auch ein Glas Wasser mit nach vorn.
Natascha und Christian suchten sich wieder eine Bank und schauten – während sie auf die Wirkung der Ersatzdroge warteten – den meist dunkelhäutigen Kindern zu, die auf dem Rasen Fußball spielten.
»Jetzt geht's mir wieder gut«, sagte Natascha auf einmal.
Die beiden fuhren mit der U-Bahn ein paar Stationen in Richtung City, wo Natascha einen preisgünstigen Supermarkt kannte.
Dort begann sie mit einer solchen Hingabe und Langsamkeit Teller, Tassen, Schüsseln, Messer, Gabeln und Löffel auszuwählen, daß Christian fast durchgedreht wäre. Besonders nervte es ihn, wenn Natascha ihm alle Augenblicke zwei verschiedene Geschirrstücke hinhielt mit der Frage, welches der beiden Teile er schöner fände.
»Mir ist alles egal«, knurrte er immer häufiger. »Es ist Ende Mai, und ich wollte zu Weihnachten eigentlich wieder zu Hause sein.«
Natascha lachte und stellte einige der ausgewählten Tassen zurück ins Regal, weil sie andere gefunden hatte, die ihr besser gefielen, zumindest für den Moment, denn nach einiger Zeit wechselte sie die Tassen ein drittes Mal aus.
»Ihre Frau beweist Geschmack«, sagte eine der Verkäuferinnen leise zu Christian hin, aber der knurrte nur: »Mir ist völlig wurscht, was sie mir eines Tages an den Kopf schmeißt.«
»Verzeihung«, sagte die Verkäuferin erschrocken.
Endlich, Christian glaubte langsam nicht mehr daran, wurde Natascha doch noch fertig, und die Verkäuferin wickelte jedes der Porzellanteile gesondert in Zeitungspapier ein. Hin und wieder lächelte sie Natascha freundlich zu, ver-

mied es aber, Christians Blick zu treffen. Dann half sie der hochschwangeren Natascha, die Waren zur Kasse zu tragen, wo sie alles vorsichtig in mehrere Plastiktüten verpackte. Ein letztes Mal lächelte sie freundlich zu Natascha hin und sagte halblaut: »Alles Gute für Sie beide.«
Natascha hakte sich demonstrativ bei Christian ein und sagte: »Danke, wir können Ihre Wünsche gut gebrauchen.«
Christian war so sauer, daß er am liebsten losgebrüllt hätte: »Ich bin hier nur der Opa«, aber er mochte die freundliche Verkäuferin nicht ein zweitesmal schockieren.
Nataschas Wohnung war ein etwa zwanzig Quadratmeter großer Raum mit einer Kochnische. Dazu kam ein Bad. Dahin zog sich Natascha als erstes zurück. »Entschuldige«, sagte sie, »aber das hab' ich nach den beiden letzten Tagen bitter nötig. Mach dir's irgendwo gemütlich. Beim Fernseher funktioniert allerdings nur noch der Ton.«
Christian überlegte, wo und vor allem wie er sich's gemütlich machen könnte. In der Wohnung war nichts, außer drei Matratzenteilen, auf denen Natascha offenbar schlief, und dem besagten Fernseher, bei dem nur noch der Ton funktionierte. Die Tapeten waren dreckig und zum Teil zerrissen, die Decke hatte Wasserflecken, und der mit billigstem Teppich belegte Boden war von Brand- und Farbflecken zerstört. Auf dem Herd in der Kochnische standen ein Topf und eine Kasserolle. In dem Kühlschrank, in den Christian neugierig schaute, befand sich ein halbes Glas Marmelade.
Christian setzte sich auf ein Matratzenteil und schaltete sich den Ton des Fernsehers an. Aber auch der funktionierte nicht mehr. Vielleicht hatte Christian etwas falsch gemacht.
»Du mußt aber noch eine Menge renovieren«, schrie Christian durch die geschlossene Tür des Badezimmers. »Na klar«, brüllte Natascha zurück. »Ich darf auf Kosten des

Sozialamtes Tapeten und Farbe kaufen und natürlich einen neuen Fußboden.«
»Und wer macht die Renovierungsarbeiten?«
»Soviel ich nur irgend kann, mache ich selbst. Über mir wohnt aber eine Frau, die mir helfen will. Die hat auch ein Kind und hat mir schon gute Tips gegeben, worauf ich achten muß, wenn die vom Jugendamt kontrollieren kommen.«
Natascha öffnete die Badezimmertür einen Spalt. »So, jetzt brauchen wir nicht so zu brüllen.«
»Wie hast du die Frau denn kennengelernt?« fragte Christian.
»Die kenne ich von der Szene«, antwortete Natascha.
Christian schwieg betroffen, aber Natascha redete weiter: »Na ja, diese Häuser hier, ich glaube, das nennt man sozialer Brennpunkt. Irgendwie treffen wir uns hier alle wieder.«
Damit es sozial immer schön weiter brennt, dachte Christian bitter, eine asoziale Politik, die Sozialpolitik genannt wird.
Natascha hatte ihre Dusche beendet. »Lädst du mich noch zu einem Eis ein? Gleich unten, um die Ecke rum, ist ein nettes Café.«
Als die beiden bei einem prall gefüllten Eisbecher saßen, sagte Christian: »Ich hab' mal in deinen Kühlschrank geschaut, du hast nichts mehr zu essen.«
»Ich bekomme morgen was vom Sozi.«
»Willst du jetzt eigentlich in deiner Wohnung bleiben, oder kommst du fürs erste noch einmal mit zu mir zurück? Dann können wir eine vernünftige Planung machen.«
»Ich hab' schon darüber nachgedacht«, sagte Natascha nach einer Weile. »Ich glaube, ich bleibe hier. Ich muß ja noch einiges an der Wohnung tun, und außerdem hab' ich meinen Arzt hier, falls es Komplikationen geben sollte.

Aber wenn ich's nicht packe, weiß ich ja immer, wo ich dich finden kann. Dann komme ich zu dir. Das verspreche ich.«

Zwei Jahre später schrieb sie in ihr Manuskript: Natürlich wollte ich auch drücken. Ich hatte Angst vor dem, was vor mir lag, Angst, daß ich ein behindertes oder geschädigtes Kind zur Welt bringen könnte, oder ein Kind, das am HIV-Virus zugrunde gehen würde, denn infizierte Kinder haben eine Lebenserwartung von drei bis fünf Jahren. Außerdem hatte ich Angst um mich selbst. Vielleicht würden die Anstrengungen der Geburt den Ausbruch meiner Krankheit beschleunigen. Von dieser Angst würden die Drogen mich befreien – und gleichzeitig für mich und mein Kind das Risiko erhöhen. Natürlich wollte ich nicht so viel drücken, daß ich wieder so draufkam, daß ich einen erneuten Entzug bekam, nur das Notwendigste, das Allernotwendigste gegen die Angst wollte ich mir drücken. Ich brachte es damals nicht fertig, Christian die Wahrheit zu sagen. Ich bin aber sicher, daß er es auch so wußte. Ich sah es an seinem traurigen Blick, als ich ihm sagte, daß ich in meiner Wohnung bleiben wollte. Er wußte, daß er nichts machen konnte.

Aber damals, als die beiden beim Eis saßen, sagte Natascha: »Bald werden wir zu dritt hier sitzen. Darauf freue ich mich schon.«

Christian schaute Natascha eine Weile an.

Dann sagte er, ruhiger, als er innerlich war: »Natascha, sobald du dein Kind zur Welt gebracht hast, solltest du dir gut überlegen, ob du die Beziehung zu mir fortsetzen willst.«

Erschrocken schaute Natascha auf.

»Ich habe bisher immer auf deiner Seite gestanden, Natascha, jetzt bezahle ich sogar das Codein, das der Arzt dir verschreibt. Versteh das bitte recht. Ich tue das in erster Linie, um diesem unschuldigen Menschen Schmerzen zu

ersparen. Sobald das Kind auf der Welt ist, sieht die Sache etwas anders aus. Das Kind hat Rechte, und die müssen gewährleistet werden.«
Natascha wollte etwas sagen, aber Christian brachte sie mit einer Handbewegung zum Schweigen.
»Und wenn ich ganz ehrlich sein soll, ich weiß nicht, wie du die Rechte eines hilflosen Babys gewährleisten willst.«
»Das wirst du schon sehen«, rief Natascha trotzig dazwischen.
»Genau das solltest du dir überlegen«, setzte Christian noch einmal an. »Wenn du die Beziehung zu mir fortsetzen willst, werde ich sehr genau nach deinem Kind schauen, und wenn ich sehe, daß seine Rechte nicht gewährleistet sind, gehe ich zum Jugendamt. Dann werde ich mich mit all meinen Kräften dafür einsetzen, daß eine andere Lösung für das Kind gefunden wird.«
»Eine andere Lösung wird nicht notwendig sein«, sagte Natascha bestimmt. »Kannst du dir denn wirklich nicht vorstellen, daß ich's packe?«
»Es wäre ein Wunder«, sagte Christian traurig.
»Glaubst du nicht an Wunder?« fragte Natascha.
Christian dachte eine Weile nach. »Doch«, sagte er dann ruhig. »Ich glaube an Wunder. Aber ich rechne nicht damit.« Er strich der jungen Frau zärtlich über das Haar.
»Alles Gute für die nächsten Wochen«, sagte er leise. »Ich werde immer an dich denken. Wenn du mich brauchst, weißt du, wo du mich findest.«
Natascha schmiegte sich an Christian. »Es wird gutgehen, Christian. Es muß einfach gutgehen. Ich glaube an Wunder.«
»Ich auch«, sagte Christian. »Und ich hoffe, es wird eins geschehen.«
»Es wird schon gutgehen«, sagten beide dann fast gleich-

zeitig, und doch wußte jeder von ihnen, daß der andere Angst hatte und mit seiner Angst allein war.

9

Am 29. Juni 1990 wurde in der Universitätsklinik von Frankfurt am Main Tamara W. geboren.

Drei Tage später klingelte Christians Telefon.

»Tamara ist da«, rief Natascha überglücklich in die Muschel. »Sie ist das schönste Baby der Welt, und auch mir geht's inzwischen wieder einigermaßen. Kannst du mich gleich besuchen kommen?«

»Ich fliege!« rief Christian und hinkte an seinem Stock aus der Wohnung.

Natascha wartete schon ungeduldig, als er knappe dreißig Minuten später ihr Krankenzimmer betrat. Sie sprang fast aus dem Bett, lief ihm entgegen, umarmte und küßte ihn.

»Ich bin Mutter«, lachte sie ihn an, und ihre Augen strahlten vor Glück. »Und du bist der erste meiner Bekannten, der Tamara zu sehen bekommt.«

Sie nahm Christian bei der Hand. »Komm«, sagte sie, »wir müssen rübergehen zur Intensivstation.« Etwas unsicher schaute sie Christian an. »Sie muß ja entzogen werden«, sagte sie leise, obwohl niemand in der Nähe war, der sie hätte hören können, »aber die Ärzte meinen, daß es ihr gut geht.«

»Und wie geht's dir?« fragte Christian, als die beiden Arm in Arm zur Intensivstation hinübergingen.

»Es war eine sehr schwere Geburt«, sagte Natascha. »Die Ärztin sagte mir, daß sie noch nie eine schwerere gehabt hätte. Es hat weit über 30 Stunden gedauert. Ich bin noch ziemlich kaputt. Deshalb hab' ich dich auch heute erst an-

rufen können. Bis gestern hatte ich immer wieder wahnsinnige Schmerzen. Aber von jetzt an geht's bergauf.«
»Und das hast du alles mit Codein durchgestanden?«
»Wegen der bevorstehenden Geburt haben sie mich auf Methadon gesetzt. Das hat sogar irgendeine Kasse bezahlt. Ich bekomme das Zeug heute noch. Ich muß nur sehen, daß ich das so schnell wie möglich wieder absetze, sonst bin ich davon abhängig.«
Natascha und Christian erreichten die Intensivstation. Natascha, die den Weg schon kannte, ging voraus in den ersten Stock.
Vor einem Saal, in den man durch ein großes doppeltes Fenster schauen konnte, streifte sich Natascha einen weißen Kittel über und machte Christian ein Zeichen, dasselbe zu tun. Sie war so aufgeregt, daß sie zitterte und kaum sprechen konnte. Aber ihre Augen leuchteten.
Ein Pfleger kam aus dem Saal. »Entschuldigen Sie«, sagte er zu Christian hin. »Hier haben nur Personen Zutritt, die uns persönlich bekannt sind.«
»Ich kenne ihn doch persönlich«, sagte Natascha aufgeregt. Aber der Pfleger beharrte auf seinen Vorschriften.
»Tamara liegt im Bettchen hier gleich am Fenster. Ich zeig sie dir«, sagte Natascha und ging durch die Doppeltür, die sich sofort hinter ihr schloß, in den Saal. Sechs Babybettchen standen darin. Über einige beugten sich Pflegerinnen und taten irgend etwas mit den Säuglingen. Natascha trat an das Bettchen, das direkt unter dem Fenster zum Flur stand. Langsam und vorsichtig griff sie hinein und hob Tamara nach oben.
Christian war für kurze Zeit verwirrt, als er die Schläuche sah, die ein kleines Wesen mit Tröpfen verbanden, die um das Bettchen herum standen. Aber dann fielen ihm die wunderbaren schwarzen Locken des kleinen Mädchens ins

Auge und ein bildschönes, ebenmäßiges, wenn auch von den Anstrengungen der Geburt noch ein wenig zerknittertes Gesichtchen.
Und dann öffnete Tamara einen Spaltbreit die Augen, blickte kurz zu Christian hin, drehte danach das Köpfchen nach vorn und schaute nur noch die Mutter an.
Natascha lächelte überglücklich. Christian sah Stolz in ihren Augen und Freude. Er schaute sie lange an, aber für sie zählte offenbar nur noch das Kind. Mutter und Kind waren in einer anderen, in ihrer eigenen Welt. Von Zeit zu Zeit strich Natascha zärtlich über das Köpfchen und den kleinen Leib ihres Mädchens, das friedlich in ihrem linken Arm ruhte, gegen ihr Herz gedrückt.
Christian schnürte es fast die Kehle zu, als ihm genau in diesem Augenblick ein Satz einfiel, den ihm Natascha in ihrer Verzweiflung mehrmals gesagt hatte: »Christian, das Erniedrigende an der Sucht ist, daß ein paar Milligramm weißes Pulver stärker sind als jedes Gefühl. Dieses Pulver gewinnt immer.«
Unsinn, sagte Christian leise zu sich selbst, es gibt auch Menschen, die von diesem weißen Pulver losgekommen sind. Natascha wird es schaffen.
Natascha lächelte Christian durch die Glasscheibe hindurch an.
Dann legte sie Tamara ganz langsam und vorsichtig zurück in ihr Bettchen.
Christian sah an Nataschas Lippen, daß sie zu einer der Pflegerinnen »Ich komme gleich noch mal vorbei« sagte, dann stand sie neben Christian.
Stumm nahmen sich die beiden in die Arme, hielten sich lange Zeit fest aneinander gedrückt.
»Ich bin ein Idiot«, sagte Christian schließlich. »Ich hatte mir fest vorgenommen, unterwegs wenigstens ein paar

Blumen zu kaufen, und dann hab' ich's in der Aufregung glatt vergessen.«
Natascha löste ihre Umarmung und hakte sich bei Christian ein. »Ich brauche keine Blumen. Ich brauche dich«, sagte sie lächelnd. »Komm, vor dem Haus steht eine Bank. Da können wir uns ein bißchen hinsetzen.«
Sie machten die wenigen Schritte, und Natascha sagte: »So ganz bin ich aber noch nicht in Ordnung. Ich glaube, ich hinke genauso wie du. Aber was ich dir sagen wollte: Heute vormittag waren schon Leute vom Jugendamt hier, und die sagten, daß ich mein Kind nur bekommen würde, wenn ich noch einmal Therapie mache. Aber ich ...«
Christian unterbrach. »Entschuldige, ich hab' erst noch eine andere Frage. Die kann ich nicht länger unterdrücken. Ist dein Kind durch einen Virus infiziert?«
Natascha lächelte. »Die Ärzte sagen, daß es gut für sie aussieht. Etwas Endgültiges können sie aber erst nach zwei Jahren sagen. Dann hat Tamara ihren eigenen Blutkreislauf aufgebaut.«
»Und wie lange dauert es, bis sie entzogen ist?«
»Mindestens vierzehn Tage«, sagte Natascha traurig. »Sie wird aber wahrscheinlich sechs Wochen hierbleiben müssen, weil sie beobachtet werden soll. Ich kann wahrscheinlich in einer Woche entlassen werden.«
»Und wie war das mit dem Jugendamt und der Therapie?«
Natascha starrte vor sich hin.
»Ich hab' genug Therapie gemacht«, sagte sie dann. »Das bringt mir nichts mehr. Ich muß ganz einfach Schluß machen mit den Drogen, und jetzt, wo ich ein Kind habe, werde ich es auch schaffen.«
»Das hab' ich schon mal gehört, als du schwanger warst«, warf Christian dazwischen.
»Ja, ich weiß. Und meinen Optimismus von damals hab'

ich auch gründlich abgelegt. Ich meine, daß ich schon Kontrolle nötig habe. Ich hab' mir einen Vorschlag überlegt, den ich den Leuten vom Jugendamt machen möchte. Ich werde mich jede Woche mit der Kleinen bei ihnen melden, damit sie sehen, daß es ihr gut geht. Meinetwegen können die auch zu mir kommen und sich überzeugen, daß alles in Ordnung ist. Und dann«, sie schaute Christian von der Seite an, »möchte ich den Leuten von unserer Beziehung erzählen und ihnen sagen, daß du mir hilfst. Und irgendwie bist du ja auch so etwas Ähnliches wie ein Therapeut.«

»Denk an unser letztes Gespräch, Natascha. Ich werde auf der Seite deines Kindes stehen. Ich werde tun, was für sie das Beste ist.«

»Genau, das wünsche ich mir«, sagte Natascha, »denn es gibt nichts Besseres für Tamara als ihre Mutter.«

»Du bekommst Methadon, Natascha«, sagte Christian in fast geschäftsmäßigem Ton, »das ist so ziemlich die härteste Ersatzdroge, die ich kenne. Vielleicht nimmst du jetzt keine anderen Drogen, weil du Methadon bekommst. Aber was passiert, wenn das Zeug abgesetzt wird?«

»Ich hoffe, daß das möglichst schnell passiert«, sagte Natascha. »Das Zeug ist mir viel zu stark. Vielleicht nehme ich für einige Zeit noch mein Codeinpräparat. Mit dem komme ich klar, mit dem hab' ich ja schon ziemlich harte Entzüge durchgezogen.«

»Es hat aber nie geklappt«, sagte Christian.

»Ich hatte ja auch noch nie ein Kind«, antwortete Natascha.

Christians Stimme nahm wieder einen geschäftsmäßigen Ton an: »Wir machen es so, Natascha. Du rufst mich an, wenn du wieder zu Hause bist, denn dann bin ich wohl auch von meiner Lesereise zurück. Ich möchte mit den Ärzten hier in der Klinik reden, und ich möchte mit deinem Hausarzt sprechen. Ich möchte genau wissen, was mit dir los ist

und was man am sinnvollsten tun kann. Vielleicht ist eine Therapie wirklich nicht das Allerbeste, aber darüber würde ich gern mit dir und einem Therapeuten sprechen, am liebsten mit einem, der dich kennt. Und ich möchte auch mit den Leuten vom Jugendamt reden. Ich möchte sie kennenlernen und wissen, welche Alternativen die überhaupt anzubieten haben. Wenn dir die Sache wirklich ernst ist, kannst du gern schon Termine abmachen.«
»Mach ich«, sagte Natascha freudig, und dann setzte sie hinzu: »Bei deinen Lesereisen, wenn du den Leuten von den Junkies erzählst, sprichst du dann auch von mir?«
»Das kann durchaus sein«, lächelte Christian.
Natascha schaute ihn ernst an. »Du hast ja inzwischen einen Blick dafür«, sagte sie, »du merkst, wenn da jemand dabei ist, der selber Drogen nimmt. Sag diesen Menschen, daß ich sehr, sehr glücklich bin. Jahrelang habe ich alle Sorten von Drogen genommen, aber nicht ein einziges Mal bin ich so glücklich gewesen wie jetzt.«
Christian drängte sich eng an die strahlende Natascha, ließ sich von ihrem Glück anstecken. »Ich bin auch sehr glücklich«, sagte er.

10

Es kam zu keinem der Gespräche, die Christian führen wollte, denn als Natascha aus dem Krankenhaus entlassen wurde, war sie gar nicht mehr in der Lage, irgendwelche Termine abzusprechen, geschweige denn einzuhalten. Außerdem hatte sie Christian viel verschwiegen. Erst zwei Jahre später, bei der Arbeit an diesem Buch, erzählte sie die wahre Geschichte um die Geburt ihrer Tochter:
Als ich, nach dem Entzug in Christians Wohnung, nach der

Nacht, in der mich Christians Kasperlepuppe über das Schlimmste hinweggebracht hatte, wieder zu Hause war, hatte ich ganz fest vor, mir nur noch das Allernotwendigste gegen meine Angst zu drücken. Aber ich drückte in wenigen Tagen schon mehr als jemals zuvor. Ich aß nichts mehr, und trotz meiner Schwangerschaft nahm ich innerhalb einer Woche fünf Kilo ab. Mein Arzt versuchte alles, um mir ins Gewissen zu reden, aber das nützte genausowenig wie Christians Schweigen zu diesem Punkt. Ich wollte zu sein, sonst nichts. Nur nicht dran denken, was ich tat.
Am 28. Juni wachte ich morgens von den ersten Wehen auf. Natürlich machte ich mir als erstes meinen Druck und ging dann noch schnell ein paar Sachen fürs Krankenhaus einkaufen. Dazu gehörte auch, daß ich mich auf der Szene mit Dope versorgte. Danach fuhr ich in die Uniklinik.
Dort kam ich sofort ins Bett, wo ich bis zum nächsten Tag blieb. Sie gaben mir Methadon, und auf der Toilette drückte ich mir heimlich meine Heroin-Cocain-Coctails. Das setzte ich bis in den Geburtsvorgang hinein fort. Ich erinnere mich, daß ich noch ein zusätzliches Medikament bekam, damit die Wehen erträglicher wurden. Ich war jedenfalls total zu. Irgendwann muß die Ärztin aber etwas gemerkt haben, denn als ich klarer im Kopf wurde, merkte ich, daß sie mir mein Dope abgenommen hatten. Ich erinnere mich, daß mich die Ärztin auf einmal ganz fassungslos anschrie: »Sind Sie denn verrückt geworden! Wollen Sie Ihr Kind umbringen!« Ich konnte nicht mehr reagieren.
Endlich, am Abend des 29. Juni um 20.20 Uhr, wurde Tamara geboren.
Als ich sie zum ersten Mal im Arm hielt, fing ich haltlos an zu heulen. Ich war völlig erschöpft, wollte nur noch schlafen. Ich wurde in meinem Bett zurück in mein Zimmer geschoben, aber schon auf dem Weg dorthin schlief ich ein. Als

ich am nächsten Morgen aufwachte, bekam ich als erstes meine Dosis Methadon. Dadurch hatte ich keine Entzugsschmerzen, und auch die psychische Gier war erträglich.
Ich stand auf und ging hinüber zu meinem Baby.
Sie sah so hilflos aus an den vielen Schläuchen. Drei Tage lang habe ich, wann immer das nur irgend möglich war, an ihrem Bettchen gesessen und geweint.
Der Arzt versuchte mich aufzumuntern. »Natascha«, sagte er, »es gibt keinen Grund zu weinen. Ihrem Kind geht es den Umständen entsprechend gut. Machen Sie sich doch nicht so viele Gedanken.«
Ich nickte nur. Trösten konnte er mich nicht, denn ich weinte ja nicht, weil ich Angst hatte, daß meinem Kind *jetzt* noch etwas passieren könnte; ich weinte, weil ich diesem hilflosen Wesen, auf das ich mich so gefreut hatte und das ich doch mehr liebte als alles auf der Welt, solche Leiden zugefügt hatte, daß sie vom ersten Augenblick ihres Lebens an ganz starke Schmerz- und Beruhigungsmittel brauchte. Ich sah dieses Elend direkt vor mir. Ich weinte, weil ich wußte, daß ich das niemals mehr würde gutmachen können. Wenn Tamara für kurze Zeit erwachte und die Augen aufschlug, strich ich ihr über ihr schwarzes Haar und flüsterte: Hab' keine Angst, meine Kleine, ich bin bei dir, und von jetzt an werde ich eine gute Mutter für dich sein.
Als dann die Leute vom Jugendamt kamen und mir sagten, daß ich Tamara nur bekommen würde, wenn ich in eine Therapieeinrichtung ginge, geriet ich in Panik. Mein Kind durfte mir keiner wegnehmen! Christian mußte mir helfen!
Eine Woche nach Tamaras Geburt wurde ich entlassen. Weil ich jetzt kein Methadon mehr bekam, drückte ich sofort wieder. Codein reichte mir als Ersatzdroge einfach nicht aus.
Zwar besuchte ich meine Tochter täglich im Krankenhaus,

aber nicht einmal diese Besuche hielt ich durch, ohne mir, in immer kürzeren Abständen, auf der Toilette einen Druck zu machen.

Meine Treffen mit Christian brachten nichts, weil der auf den zwischen uns abgemachten Gesprächen mit den Ärzten und Drogenberatern bestand, und es war ja wohl klar, was die ihm erzählt hatten. Christian sagte mir ganz klar, daß ohne diese Gespräche die Sache für ihn gestorben sei. Wenn man ihn fragte, würde er sich dafür einsetzen, daß Tamara auf keinen Fall zu mir käme.

Ich lebte damals irgendwie zwei Leben. Das eine waren meine Besuche bei meinem Kind im Krankenhaus, und das andere waren die Drogen, die sich wie ein Krebsgeschwür immer weiter ausbreiteten, wie gesagt, bis ins Krankenhaus hinein.

Ich war schließlich so drauf, daß ich mir alle 15 Minuten einen Druck machte. (Das Geld dafür trieb ich durch Dealerei auf.) Natürlich baute ich körperlich entsprechend ab. Trotz allem konnte ich gelegentlich immerhin so weit denken, um zu kapieren, daß ich Entzug und Therapie nicht nur brauchte, um mein Kind zu bekommen. Zuallererst ging es um mein Leben.

Ich ging also zur Drogenberatung. Die Leute dort sahen offenbar sofort, was mit mir los war. Eine der Sozialarbeiterinnen rief in einer Therapieeinrichtung an und sagte in meinem Beisein, daß sie ganz schnell einen Platz für eine Klientin brauche, weil die wahrscheinlich sonst in einigen Wochen tot wäre.

Die Frau schaffte es, daß ich innerhalb von zwei Wochen meinen Aufnahmetermin hatte für einen Platz, wo ich Tamara bei mir haben konnte. Das Jugendamt war mit dieser Lösung einverstanden.

Die Sozialarbeiterin, die sich um mich kümmerte, suchte mich sogar immer wieder auf der Szene auf, damit ich alles erledigte, was für die Therapie notwendig war. Ohne ihre Hilfe hätte ich das niemals geschafft, denn ich war inzwischen so kaputt, daß ich Halluzinationen hatte, wenn ich nicht ständig unter Koks stand, und bei meinen Besuchen bei Tamara kam ich kaum noch von der Toilette herunter.
Buchstäblich im letzten Augenblick für mich konnte ich dann aber doch noch mit dem Entzug beginnen. Der war so hart, daß ich ständig an Abbruch dachte, aber dann fiel mir jedesmal mein Kind ein. Und heute bin ich stolz darauf, daß der Gedanke an Tamara stärker war als das Verlangen nach Drogen. Mitte August begann ich meine Therapie im Spessart, und drei Tage später wurde mir Tamara gebracht. Als ich sie im Arm hielt, heulte ich so haltlos wie damals, als ich sie nach ihrer Geburt zum ersten Mal in den Arm genommen hatte.
»Aber jetzt ist es für immer«, stammelte ich. »Jetzt gebe ich dich nie wieder her.«
Ich konnte überhaupt nicht mehr aufhören zu weinen.

11

Kurze Zeit später besuchte Christian Natascha und die kleine Tamara, die diese ihm freudig präsentierte.
»Ist sie nicht groß geworden?« fragte sie voller Mutterstolz und konnte es gar nicht verstehen, daß Christian Tamara »relativ klein« fand.
Natürlich diskutierten die beiden bald wieder die Frage, die seit dem Beginn ihrer Beziehung immer den Mittelpunkt aller Gespräche ausgemacht hatte: Wie soll es weitergehen?

»Ich muß mal sehen, wie lange ich das hier mache«, sagte Natascha. »Die normale Therapie dauert ein Jahr, aber solange bleibe ich auf keinen Fall hier. Bei den Therapiegesprächen habe ich gemerkt, daß ich schon alles weiß. Ich hoffe, daß das Jugendamt das rafft.«
»Was du alles weißt, hast du bewiesen«, sagte Christian ironisch und auch böse. Ihm reichte es langsam. »Wenn ich etwas zu bestimmen hätte, würde ich noch heute für dein Kind eine Dauerlösung ohne dich suchen. Und dann mach doch, was du willst!«
Erschrocken schaute Natascha Christian an. Nach einer Weile sagte sie langsam, aber bestimmt: »Mein oberstes Ziel ist, daß ich mein Kind bei mir haben darf. Deshalb gehe ich keinen Tag eher hier weg, bis das Jugendamt seine Zustimmung gibt, egal, wie sinnlos ich meinen Aufenthalt hier empfinde. Das verspreche ich dir.«
»Versprich mir nichts«, sagte Christian. »Mit der Haltung, die du zeigst, bist du nicht länger hier als drei Monate. – Ich hätte mit meiner Prognose übrigens gern unrecht, aber…«
»Du hast Unrecht«, sagte Natascha dazwischen. »Für mein Kind tu ich alles, und ich werde nicht einmal weglaufen, wenn die gesamte Therapie abbrennt.«
»Wenn es brennt, darfst du weglaufen«, lachte Christian, »aber vergiß nicht, das Feuer, das dich verbrennen könnte, brennt auf der Szene und nicht in der Therapie. – Du sagst, daß du schon alles weißt, ja, theoretisch; aber du hast auch gesagt, daß du lernen mußt, das alles auch zu *tun*. Mach hier den Anfang. Lauf zum ersten Mal in deinem Leben nicht weg, wenn dir etwas nicht paßt. Lerne das Stehenbleiben.«
Aus Nataschas Manuskript:
Anfangs war es für mich gar nicht so leicht, mit dem Le-

bensrhythmus eines Babys klarzukommen. Alle vier Stunden, auch während der Nacht, war sie eine Zeitlang hellwach und verlangte nach mir. Dazu kam, daß mein Medikamentenentzug noch nicht ganz vorbei war. Nachts hatte ich immer noch Schweißausbrüche und konnte nicht durchschlafen. Nach zwei Wochen war ich total fertig, fühlte mich ausgelaugt und überfordert. Es kam soweit, daß ich einen vor kurzem noch unmöglichen Gedanken dachte: Ich fürchtete, meine Aufgabe als Mutter nicht zu schaffen, und dachte daran, Tamara abzugeben. Denn wenn ich gerade mal ins andere Haus hinüberging und dort gutgelaunt mit den Leuten zusammensaß, kam ganz bestimmt ein Anruf aus unserem Haus, daß meine Kleine wachgeworden sei.

Da ich keine Drogen hatte, konnte ich meine Probleme nicht wegdrücken. Ich mußte denken und immer wieder denken, und damals gingen mir zum ersten Mal Gedanken durch den Kopf, mit denen ich mich noch heute herumschlage.

Auf der einen Seite sehe ich ganz klar, daß ich für mein Leben einen kontinuierlichen Weg finden muß, besonders deshalb, weil ich ja ein Kind erziehen will. Und ich möchte, daß meine Tochter ein glücklicher und zufriedener Mensch wird. Aber dann kommt das Problem: Kann ich Tamara wirklich bieten, was sie zum Leben braucht?

Wie lange werde ich selbst überhaupt noch leben? Ein Jahr, drei Jahre, fünf Jahre oder länger? Ich lese so ziemlich alles, was über Aids geschrieben wird, und das ist nicht sehr hoffnungsvoll. Irgendwann, so lese und höre ich überall, erkranken alle HIV-Infizierten an Aids, und je länger sie den Virus haben, um so größer ist die Gefahr, daß sie jetzt bald an der Reihe sind. Manchmal werden Medikamente angepriesen, von denen es heißt, sie könnten den Ausbruch der Krankheit hinausschieben; verhindern kann man den Ausbruch bis heute nicht. Wenn mir das durch den Kopf geht, verspüre ich einen unwiderstehlichen Drang, alles hinzuschmeißen und einfach abzuhauen. Dann will ich so leben, wie ich gerade fühle, ohne Verpflichtung und Verantwortung.

Außerdem ist es schwer, ja oft unmöglich, sich in unserer Gesellschaft dazu zu bekennen, HIV-infiziert zu sein. Einmal hatte ich fast eine Stellung als Hausmädchen bekommen, das hätte ich gern gemacht, besonders, weil ich es da auch mit Kindern zu tun gehabt hätte, die mich sofort mochten. Aber dann bemerkte die Frau meine Tätowierungen, und die Rede kam irgendwie auf Aids, und ich spürte ganz deutlich, daß ich die Stelle nie bekommen würde, wenn die Frau wüßte, was mit mir los war. Natürlich hätte ich das verschweigen können, aber ich kann nicht auf die Dauer menschlich mit anderen zusammen leben und arbeiten, wenn ich verschweigen muß, worüber ich doch zumindest manchmal reden und weinen möchte, weil es mir so wahnsinnig Angst macht.

Oder was ist, wenn meine Infizierung sich herumspricht? Das ist schon passiert. Ich hab' mal in einer Kneipe gearbeitet. Eines Abends sagte der Chef zu mir: »Natascha, da hat sich rumgesprochen, daß du Aids hast. Mir ist das zwar egal, aber ich glaube, es ist besser, wenn du nicht mehr kommst.« Irgendwie war ich sogar erleichtert, denn es war manchmal unerträglich gewesen, die blöden, gedankenlosen Aidswitze sich anhören zu müssen.

Und dann geht mir wieder meine Tochter durch den Kopf, und dann denke ich: Gerade weil ich nicht sehr alt werde, könnte es in besonderer Weise meine Pflicht sein, die Zeit, die mir bleibt, mit Tamara zu verbringen und ihr zu zeigen, wie lieb ich sie habe, trotz allem. Und dann halte ich genau

das wieder für unfair und egoistisch, denn nach meinem Tod müßte sich das Kind ja an neue Bezugspersonen gewöhnen. All das und noch viel mehr ging mir damals und geht mir heute noch im Kopf herum und macht mich verrückt.
Damals, in der Therapie, fing ich mich nach etwa sechs Wochen. In den Gruppen konnte ich sogar über meine Angst sprechen, als Mutter zu versagen, weil ich mir durch mein Kind so furchtbar eingeengt vorkam. Einer der Therapeuten sagte zu mir: »Natascha, dein Kind engt dich nicht ein, weil es dich schikanieren will, es braucht dich.«
Langsam wurde meine Beziehung zu Tamara immer schöner, vieles wurde auch leichter, denn inzwischen schlief sie meistens schon die ganze Nacht durch. Ich lernte, meine Zeit so einzuteilen, daß ich meine Freiräume hatte, wenn sie wach war. Und diese Zeit nahm ich mir voll und ganz für sie, und die Arbeit mit ihr machte mir Spaß.
Mit drei anderen Klienten arbeitete ich in der Küche und verbrachte auch meine Freizeit mit ihnen. So konnte ich mich auch immer freimachen, wenn Tamara einmal während meiner Arbeitszeit aufwachte.
Aber irgendwann wurde ich für die Waschküche eingeteilt, und das begriff ich überhaupt nicht. Ich bekam großen Ärger mit der Arbeitstherapeutin, weil ich ihr klipp und klar sagte, daß ich nicht hier sei, um die Waschküche zu machen, sondern um meine Rolle als Mutter zu lernen. Aber in Wirklichkeit ging mein Ärger tiefer. Ich hatte genug von der gesamten Therapie und war auch gar nicht mehr bereit, meine Konflikte mit der Therapeutin sachlich auszutragen.
Im Geiste träumte ich mich bereits aus der Therapie heraus. So etwas hatte ich bereits als kleines Mädchen getan. Sobald mir die Wirklichkeit zu hart wurde, träumte ich mich in eine andere Welt hinein.
Diesmal stellte ich mir vor, wie ich einfach mit Tamara hier

abhaute, um endlich ein Leben zu führen, wie ich es mir immer schon gewünscht hatte. Ich stellte mir vor, wie ich meine Wohnung schön einrichten würde.
Und damit ich mich von meinem Frust noch besser ablenken konnte, begann ich eine Beziehung zu einem Klienten. Eine Zeitlang ging das auch ganz gut.
Ich erinnere mich, wie Bernd einmal mit der Kleinen in der Badewanne war. Ich machte Photos von den beiden, und auf einmal – zum ersten Mal – fing Tamara richtig laut an zu lachen. Ich hätte sie zerdrücken können vor Glück. Ja, ich liebte mein Kind, ich hatte eine Beziehung zu ihm, wie ich es mir in meinen Träumen immer vorgestellt hatte. Der Anfang war schwer gewesen, aber das lag jetzt hinter mir. Abends, wenn ich in meinem Bett lag, war ich stolz und zufrieden, weil das Kind, das ich mir immer gewünscht hatte, in ihrem kleinen Bettchen neben mir schlief. Ich freute mich schon auf den nächsten Morgen, denn als erstes würde mir Tamara zulächeln.
Aber dann, tagsüber, hatte ich ständig mehr Streiterei wegen meiner Arbeit, und was mich noch mehr nervte, das waren die Gruppengespräche, wo wir uns ständig wegen irgendwelcher Kleinigkeiten zerstritten. Von Tag zu Tag wurde es schlimmer.
Und dann konnte ich es eines Abends nicht mehr aushalten. Ich mußte weg von hier, sonst würde ich durchdrehen. Christian mußte mir dabei helfen.
Ich kannte ihn gut genug, um zu wissen, daß ich mich auf eine Diskussion mit ihm nicht einlassen durfte. Auf dieser Ebene hatte ich keine Chance. Ich mußte ihn einfach vor vollendete Tatsachen stellen.
Ich rief an und hatte Glück. Er war zu Hause. Ich spürte, wie meine Stimme etwas zitterte, aber ich durfte jetzt keine Schwäche zeigen.

»In einer Stunde bin ich bei dir, Christian, mit meinem Kind. Alles andere erkläre ich dir dann, okay?«
»Nein.« Christians Stimme klang erschrocken, aber auch ziemlich hart. »Wenn du die Therapie abbrechen willst oder schon abgebrochen hast, mußt du sehen, wo du bleibst. Ich werde dem Jugendamt gegenüber meinen Kommentar wegen Tamara abgeben, und dann ist die Sache endgültig für mich gestorben.«
»Verdammt noch mal, Christian«, brüllte ich in den Hörer, »flipp jetzt bloß nicht aus: Ich pack's einfach nicht mehr, ich dreh durch, ich halte das hier nicht mehr aus!«
»Du hältst es nirgendwo aus, wenn du deine Drogen nicht hast«, sagte Christian aufgeregt. »Du hältst die Angst vor der Zukunft nicht aus. Aber dort, wo du bist, bist du, um diese Angst aushalten zu lernen. Und deshalb hast du gar keine Alternative. Du mußt bleiben.«
»Christian«, sagte ich, immer nervöser werdend, »laß uns das doch alles in Ruhe diskutieren. Wenn du willst, rede ich die ganze Nacht mit dir.«
»Ich will nicht mit dir reden.« Christians Stimme klang jetzt ganz ruhig. »Wir haben alles durchdiskutiert.«
Ich versuchte es noch einmal: »Christian, sei doch nicht so stur. Wo soll ich denn hin? Wenn ich nicht zu dir kann, steh ich doch mit meinem Kind auf der Straße. Sollte ich mich so in dir getäuscht haben?«
Christian sagte nichts, und ich knallte wütend den Hörer auf. Christians harte Haltung brachte mich noch einmal zur Besinnung – für kurze Zeit.
Dann wurde Susanne aufgenommen. Ich kannte sie von der Szene her. Wir hatten für denselben Dealer verkauft, und sie erzählte mir, daß er wieder in Frankfurt sei. Von jetzt an dachte ich noch häufiger und intensiver an die Drogenzeit zurück.

Dann war es soweit. Eines Tages kam Andreas, ein Mitklient, zu mir und sagte, daß er gehen wolle. Wir schaukelten uns gegenseitig so lange hoch, bis klar war, daß Bernd und ich mitgehen würden. Mitten in der Nacht packte ich Tamaras Klamotten zusammen. Ein Freund von Andreas holte uns mit dem Wagen ab. An meinen Wohnungsschlüssel kam ich nicht heran, der war in der Kofferkammer weggesperrt. Also würden Tamara, Bernd und ich zunächst einmal bei Andreas wohnen.
Tamara schlief in ihrem Korb und bekam gar nicht mit, daß wir wegfuhren. Unser erster Weg führte zur Szene, wo wir uns alle einen Druck machten. Die Gedanken und Gewissensbisse, die auf der Fahrt nach Frankfurt immer wieder hochkamen, waren wie weggeblasen.
Nachdem wir in Andreas' Wohnung ein paar Stunden geschlafen hatten, fuhren wir als erstes in die Uniklinik, weil Tamara ihre Medikamente brauchte.
Ich fühlte mich wohl. Jetzt würde ich mein Leben in die eigenen Hände nehmen und für Tamara und mich die Zukunft aufbauen.
Wir verlebten einen schönen Tag in Andreas' Wohnung.

12

Am nächsten Morgen fuhr ich zum Jugendamt, um die Sache klarzumachen. Aber der zuständige Sachbearbeiter war nicht da, und ich mußte am nächsten Morgen noch einmal kommen.
Dann saß ich endlich mit Bernd im Büro des Sachbearbeiters und hatte Tamara auf dem Schoß. Die Kleine lachte nur und krähte herum. Es ging ihr offensichtlich blendend. Aber nach weniger als fünf Minuten unverbindlichen Ge-

redes wurde mir ein richterlicher Beschluß über den Tisch geschoben: Wegen des Therapieabbruchs sollte ich Tamara sofort ans Jugendamt abgeben.
Mir wurde schwarz vor Augen, und ich hatte Angst durchzudrehen. Aber ich riß mich zusammen und versuchte, dem Mann klarzumachen, daß es keinen Grund gebe, mir das Kind wegzunehmen.
»Sie sehen doch, wie die Kleine lacht«, stammelte ich. »Sie sehen doch, daß sie sauber ist und ordentlich angezogen. Gucken Sie sich das Kind doch an! – Und ich hab' doch sofort nach dem Therapieabbruch die Tabletten für sie in der Klinik geholt. Außerdem hab' ich eine Wohnung. Wenn Sie wollen, können Sie jeden Tag vorbeikommen und sich überzeugen, daß es ihr gut geht!«
Aber gegen den Gerichtsbeschluß hatte ich keine Chance. Ich durfte nur entscheiden, ob Tamara für's erste in die Uniklinik oder in ein Heim kommen sollte.
Ich konnte es nicht glauben. Ich drückte Tamara an mich und heulte und heulte.
Irgendwann rief der Sachbearbeiter ein Taxi, und wir fuhren zur Uniklinik. Dort waren zwei Ärzte und eine Sachbearbeiterin, die sich als für Tamara zuständig ausgaben. Die sagten etwas zu mir, aber ich bekam nichts mit. Ich schaute immer nur mein Baby an. Heulend wickelte ich die Kleine noch einmal. Tamara sah mich dabei ganz komisch an, so als spürte sie, daß irgend etwas nicht stimmte. Ganz fest zog ich sie noch einmal an mich, dann legte ich sie schnell der Sozialarbeiterin in die Hände und schrie: »Hier habt ihr sie!«
Ich rannte hinaus. Nach den ersten Metern waren meine Tränen weg. Ich war auf einmal selbst zum Heulen zu leer. Mein Traum von einem Kind war ausgeträumt. Nichts war mehr in meinem Kopf oder in meinem Bauch, nur Leere.

Beim Laufen hatte ich das Gefühl, als wäre ich zu einem Roboter geworden.
Bernd, der die ganze Zeit bei mir gewesen war, schaute mich immer ängstlicher an. »Natascha, sag doch was. Was ist denn los, bitte sag doch endlich was«, bettelte er.
Hilflos lief er neben mir her. »Natascha, meinst du, daß dir allein zum Heulen zumute ist? Laß mich jetzt bitte nicht so abfahren. Ich kann doch nichts dafür.«
Es kostete mich Überwindung zu sprechen, denn ich wußte nicht, was oder warum überhaupt ich reden sollte. Sie hatten mir das einzige genommen, was meinem Leben noch Sinn und Halt gegeben hatte. Jetzt war alles vorbei. »Laß mich bitte in Ruhe«, bat ich Bernd. »Ich will einfach nicht sprechen.«
Wortlos fuhren wir mit der S-Bahn zum Hauptbahnhof. Von dort aus rannte ich fast zur Szene in der Taunusanlage. Ich mußte mein Kind vergessen, sonst könnte ich nicht mehr leben.
Dann sah ich meinen Dealer, lief auf ihn zu. Freudestrahlend umarmte er mich. »Natascha, endlich, wo warst du denn die ganze Zeit?«
»Ich war in Therapie. Aber jetzt bin ich wieder hier, und diesmal bleib ich auch hier. Gib mir erst mal einen guten Druck, dann können wir alles weitere besprechen, auch das Geschäftliche.«
Mit zitternden Händen machte ich mir den Druck und gab auch Bernd etwas ab. Dann legte ich mich entspannt auf eine der Sitzbänke. Später ging ich mit Bernd etwas in der Kaiserstraße spazieren.
Plötzlich stand Christian vor uns.
Er sah erschrocken aus, nahm mich aber trotzdem in den Arm. Irgendwie muß er sofort begriffen haben, was los war. Ich hätte es ihm in meinem Zustand auch gar nicht

erzählen können, mit dem Druck hatte ich mich völlig zugemacht.
Ich bekam nur mit, daß Bernd den Gerichtsbeschluß in der Hand hatte. Christian las alles ganz genau durch und sagte dann zu mir: »Eine andere Entscheidung war ja wohl beim besten Willen nicht möglich.«
Mir schossen Tränen der Wut und Verzweiflung in die Augen, und Bernd sagte ziemlich sauer zu Christian: »Sag mal, raffst du eigentlich nicht, wie verzweifelt sie ist?«
»Ach Scheiße«, schrie Christian so laut, daß Bernd erschrocken einen Schritt zurückwich. »Ich bin auch verzweifelt.« Er trat auf mich zu und sagte immer noch laut: »Oder meinst du, es macht mir Vergnügen, dich so wiederzusehen?« Christian konnte sich gar nicht beruhigen. »Wie hättest du's denn gern?« fuhr er mich an. »Möchtest du dein Kind mit auf die Szene nehmen, damit es rechtzeitig lernt, wo es seine Drogen herbekommen kann!«
Durch Christians Schreierei hatte mein Druck fast seine ganze Wirkung verloren. Ich packte Christian wütend am Ärmel und schimpfte zurück: »Du raffst überhaupt nichts! Sie haben mir mein Kind weggenommen, das einzige, was meinem Leben noch Sinn gegeben hat. Ist doch wohl klar, daß ich drücke.«
Christians Augen funkelten immer noch voller Wut, aber er sprach etwas ruhiger. »Hör wenigstens damit auf, dich selbst zu belügen«, sagte er. »Du drückst nicht erst, seit sie dir dein Kind weggenommen haben. Du drückst, seit du 15 Jahre alt bist. Du drückst nicht, weil sie dir dein Kind weggenommen haben, sondern sie haben dir dein Kind weggenommen, weil du drückst. Sieh die Dinge doch endlich einmal, wie sie sind.«
Ich wollte etwas sagen, aber mir fiel nichts ein. Ich schluchzte los.

Christian nahm mich in den Arm und streichelte mich. »Denk mal in Ruhe über alles nach«, sagte er.
»Ich kann nicht mehr«, heulte ich.
Christian drückte mich fest an sich. »Ich auch nicht.«
Ich hörte an seiner Stimme, daß er sich das Weinen verbeißen mußte. Er sagte: »Wir sollten bald mal in Ruhe über alles reden. Ruf mich an, wenn du magst.«
Zwei Tage lang war ich auf der Szene.
Um meinen Bedarf an Drogen zu decken, checkte ich, das heißt, ich trieb für meinen Dealer Kunden auf und verkaufte selbst kleinere Mengen. Diese »Arbeit« und die Drückerei lenkten mich wenigstens einigermaßen von meinem Schmerz wegen Tamara ab.
Aber am dritten Tag konnte ich nicht mehr. Meine Gedanken waren nur noch bei meinem Baby. Ich mußte sie wiedersehen, sie in meinem Arm halten.
Ich sagte das meinem Dealer und versorgte mich für den Tag mit ausreichend Stoff. Am Abend würde ich wieder zurück sein. Ich fuhr mit der S-Bahn zur Uniklinik und rannte dort fast auf die Kinderstation. Tamara stand weinend in ihrem Bettchen.
Ich stürzte auf sie zu, drückte sie ganz fest an mich. Lange Zeit hielt ich sie einfach nur fest, und Tränen liefen mir über das Gesicht. Aber auch mein Baby weinte. Ich hatte das Gefühl, als würde jemand mein Inneres auseinanderreißen.
Als ich endlich reden konnte, versuchte ich, Tamara zu beruhigen. Ich sprach ganz leise zu ihr: »Mäuschen, weine doch nicht. Die Mama ist da. Es wird alles wieder gut. Ich lasse dich nicht im Stich.«
Tamara hörte auf zu weinen und schaute mich mit großen Augen an. Sie lächelte nicht. Dann starrte sie wie leblos an die Decke. Weiter und weiter redete ich auf sie ein, bekam

aber keinerlei Reaktion. Ich schüttelte sie schließlich und schrie sie fassungslos an: »Tamara, was ist denn los mit dir? Warum lachst du denn nicht?«
Aber das Baby schien nichts wahrzunehmen und blickte nur mit leeren Augen um sich. Ungefähr drei bis vier Stunden blieb ich bei ihr, fütterte sie, machte sie sauber und redete die ganze Zeit mit ihr. Ich machte Faxen, bei denen sie früher, als wir noch zusammen waren, immer gelacht hatte. Aber nichts, was ich tat, konnte Tamara zu irgendeiner Reaktion bewegen. Sie schaute mit leblosen Augen um sich. Nur als ich sie gegen Abend wieder in ihr Bettchen zurücklegen wollte, fing sie an zu weinen und klammerte sich an mich. Da mußte ich selber wieder heulen, und heulend rannte ich zurück zur Szene.
Von jetzt an ging ich sie täglich für einige Stunden besuchen, meistens stand sie weinend in ihrem Bettchen und klammerte sich an mir fest, sobald ich sie herausholte. Bei jedem dieser Besuche verfluchte ich die Leute vom Jugendamt, die bisher kein einziges Mal nach ihr geschaut hatten.
Dabei wurde meine persönliche Situation immer gefährlicher. Da ich mich jedesmal mieser fühlte, wenn ich von Tamara zurück auf die Szene ging, drückte ich immer mehr. Schon im Krankenhaus saß ich immer häufiger auf der Toilette, und bald war ich so vernarbt, daß ich keine Vene mehr fand. Ich mußte mir auf der Szene von anderen in den Hals drücken lassen. Beim Gericht oder beim Jugendamt hatte ich ständig Termine, aber ich war so zu, daß ich das gar nicht mehr registrierte.
Nach etwa drei Wochen Klinikaufenthalt kam Tamara zu Pflegeeltern in die Nähe von Saalheim, so daß ich sie nur noch selten sehen konnte. Sie wurde mir fremder, und durch das Dope hatte ich zeitweise das Gefühl, ich könnte

sie vergessen. Doch sobald ich sie sah und in den Armen hielt, spürte ich, daß ich sie niemals aufgeben konnte.

13

An einem der letzten Oktobertage saßen Natascha und Christian im Buffet-Vitesse des Hauptbahnhofes.
Natascha erzählte aufgeregt, mit sich überschlagender Stimme, am ganzen Körper zitternd. Christian sah sich immer wieder vorsichtig um. Die Gäste, die an den umstehenden Tischen saßen, schauten mehr oder weniger ungeniert zu den beiden hin. Einige schienen sich köstlich zu amüsieren, anderen war die Sache offensichtlich peinlich. Auch einige der Angestellten blickten immer wieder zu ihnen herüber.
Christian erinnerte sich, wie ihn vor ein paar Tagen, als er hier auf jemanden wartete, eine der Kellnerinnen angesprochen hatte, eine Ausländerin: Türkin, Griechin oder Jugoslawin. »Ich dir einmal muß sagen«, radebrechte sie, »daß ich bin jedesmal ganz glücklich, wenn du kommen hierher mit eins von dieses arme Menschen. Wenn arme Menschen kommen allein, Chef uns sagen, daß wir sollen Menschen rausschmeißen. Aber wenn du bist dabei, Chef uns sagen niemals etwas. Mit dir will er nicht Streit, weil du bist bekannter Mann, warst im Fernsehen.«
Aber überall hilft auch Christians Bekanntheitsgrad nicht weiter. Der – ebenfalls ausländische – Kellner eines Lokals in der B-Ebene des Bahnhofs drohte, sofort die Polizei zu holen, wenn Christian mit »solchen Menschen« das Lokal betreten würde. Christian hätte es darauf ankommen lassen, aber ein Süchtiger kann sich eine Konfrontation mit der Polizei zumeist nicht leisten, nicht einmal, wenn es um sein Recht geht, ein öffentliches Lokal zu betreten.

»Rechte?« hatte ein Bahnpolizist einmal zu Christian gesagt: »Wenn dieses Gesocks nicht so viele Rechte hätte, gäbe es das Drogenproblem überhaupt nicht. Unter Hitler hat es das jedenfalls nicht gegeben! Aber Leute wie Sie ermutigen die ja geradezu, Drogen zu nehmen.«
Die Vertreibung der Süchtigen vom Bahnhofsgelände, die rund 18 Monate später ihren brutalen Höhepunkt erreichen sollte, warf ihre Schatten voraus.
»Ich hab' den Sozialarbeiter vom Jugendamt angebrüllt«, würgte Natascha heraus, »er sollte sich Tamara doch mal angucken, wie traurig und leer sie nur noch um sich schauen würde, wie sie ständig weinte. Und er sollte sie mal mit dem fröhlichen Baby vergleichen, daß beim ersten Jugendamttermin mit mir vor ihm gesessen hatte. Ich schrie: Von diesem Kind ist nichts übriggeblieben. Als sie in der Klinik war, haben Sie kein einziges Mal nach ihr geschaut! Sie können mir doch nicht erzählen, daß es Ihnen um das Wohl des Kindes geht! Sie haben mein Kind kaputtgemacht! – Irgendwann schmeiße ich hier eine Bombe rein! brüllte ich noch, rannte raus und knallte die Tür zu, so kräftig ich konnte.«
Als Natascha nicht mehr reden konnte, setzte Christian an, so ruhig und so beruhigend er konnte. Innerlich war er so erregt wie Natascha.
»Was mit deinem Kind passiert ist, war sicher keine gute Sache«, sagte er leise.
»Sie haben mir nicht einmal eine Chance gegeben«, warf Natascha ein. In ihren Augen standen Tränen, ihr bleiches, eingefallenes Gesicht wirkte leblos und grau, trotz des Makeup, mit dem sie die vielen roten Flecken auf ihrem Gesicht zu verstecken suchte.
»Was wäre denn dabeigewesen, wenn sie sich auf meinen Vorschlag eingelassen hätten und einmal oder meinetwe-

gen auch mehrmals in der Woche bei mir vorbeigeschaut hätten. Aber ich war doch total ohne Chance.«
Christian dachte eine Weile nach und sagte dann: »Das Problem des Jugendamtes besteht wohl nicht darin, *dir* eine Chance zu geben, sondern dafür zu sorgen, daß *dein Kind* eine Chance hat. Und, ich sage dir's ganz offen: Wenn das Jugendamt dir das Kind nicht abgenommen hätte, würde ich eine solche Maßnahme beantragt haben. Die Chance, die Tamara bei dir hat, ist mir einfach zu gering. Ich habe viel zu oft das Leiden von Kindern bei süchtigen Eltern erlebt. Ich könnte es nicht verantworten, dir gegenwärtig ein Kind anzuvertrauen.«
Natascha weinte leise. »Aber ich brauche Tamara. Wenn ich sie nicht habe, ist mein Leben ohne Sinn, dann will ich nicht mehr leben.«
»Ein Baby, Natascha«, sagte Christian erregt, ist nicht für die Mutter da, sondern die Mutter für das Baby. Du selbst mußt dir wichtig sein, sonst wirst du niemals die Rechte eines Kindes garantieren können.« Plötzlich stockte Christian, ihm fiel etwas ein. »In wenigen Tagen wird dein Buch erscheinen. Da gibt es eine Stelle, wo du erzählst, wie du einen Druck Heroin auf die Straße spritzt. Und du sagst etwas so ähnlich wie: Mir war klar geworden, daß *ich selber* wichtig bin. *Ich allein* bin wichtig, auch ohne irgendwelche anderen Menschen. Du hast einen Ausbruch aus deiner Abhängigkeit versucht, und du hattest schon eine Menge guter Schritte gemacht.« Christian beugte sich nach vorn und ergriff Nataschas Hand. Fast beschwörend sprach er auf sie ein. »Du bist wichtig, Natascha! Das mußt du nur kapieren. Du mußt noch einmal von vorn anfangen.«
»Noch einmal? Ganz von vorn?« fragte Natascha leise und ungläubig. »Du meinst, noch einmal Therapie machen oder so?« Christian nickte und schaute Natascha fest an.

»Denk jetzt einmal nur an dich und an deine Heilung. Mach noch einmal Therapie oder etwas Vergleichbares. Laß dich beraten. Du hast cleane Zeiten gehabt. Du hast bewiesen, daß du clean leben kannst. Du bist stark, Natascha. Beweise es dem Jugendamt. Und eins verspreche ich dir: Wenn du clean lebst, werde ich mich dafür einsetzen, daß du dein Kind wiederbekommst.«
»Du hast im Moment noch keinen Entzug, Natascha«, redete Christian weiter, »und du bist auch nicht so zu, daß du von unserem Gespräch nichts mitbekämst. Aber du hast nicht viel Zeit. Triff deine Entscheidung. Geh zur Drogenberatung, jetzt sofort. Beantrage einen Therapieplatz.«
Natascha schaute Christian an und nickte langsam. »Du meinst, daß ich das packe?«
»Andere haben das auch gepackt.«
Natascha nickte noch einmal. »Ich glaube, du hast recht, zumindest ist das meine einzige Chance, wenn ich mein Kind wiederhaben will. Ich glaube, ich mach's.« Aber dann, auf einmal, lachte sie bitter auf: »Mensch, Christian, du kannst wirklich prima quatschen. Na ja, bist ja auch ein Schriftsteller. Ich hab' doch tatsächlich vergessen, daß ich möglicherweise gar nicht mehr die Zeit habe, eine Therapie und vielleicht noch eine Nachsorge zu Ende zu machen. Ohne Virus wäre das alles kein Problem, aber...«
»Der gute alte Virus!« Christians Stimme war plötzlich von ätzender Ironie. »Wofür das Ding doch nicht alles gut ist! Und wie vorteilhaft, wenn man so ein Ding hat! Man hat für alles eine Entschuldigung! – Weißt du, Natascha, was ich manchmal glaube: Wenn du keinen Virus hättest, würdest du dir auf der Szene ganz schnell einen besorgen. Dann brauchst du nämlich nichts mehr für dich zu tun.«
Mit starrem Blick schaute Natascha vor sich hin. Christian griff über den Tisch und schüttelte sie an der Schulter.

»Tu mir einen Gefallen und leg nicht alles auf die Goldwaage, was ich eben gesagt habe. Aber eins ist doch wohl unbestreitbar: Vom Drücken geht das nicht weg, aber dein Zustand wird mit jedem Druck schlimmer, und deine Chancen, dein Kind wiederzubekommen, verkleinern sich. Du kannst den Ausbruch deiner Krankheit nicht verhindern, aber du kannst ihn durch deine Drückerei schneller herbeiführen. Willst du das? Willst du sterben? Wenn ja, dann tu's. Niemand kann dich daran hindern. Aber laß dein Kind aus diesem Spiel. Vergiß es, laß es in der Pflegefamilie in Frieden aufwachsen.«

In den folgenden Wochen trafen sich Natascha und Christian häufiger im Buffet-Vitesse. Meistens war sie völlig fertig und weinte nur. Sie war zu oder auf Entzug, aber immer redete sie von Tamara. Christian saß ihr gegenüber und hörte zu. Selten warf er etwas ein, denn alles Notwendige war gesagt worden, so oft, daß Christian seine eigenen Worte nicht mehr hören konnte. Dazu kam, daß er immer häufiger an durch seinen Gehirnschlag bedingten Depressionen litt. Mitte November spürte er sehr deutlich, daß er an das Ende seiner Kräfte kam.

»Vielleicht kannst du wirklich nicht mehr«, sagte er leise zu Natascha hin. »Dann müssen wir das eben akzeptieren. Du weißt besser als ich, was wirklich mit dir los ist. Nur, falls du noch ein kleines bißchen Kraft haben solltest, versuche es doch noch einmal mit Therapie. Vergiß nicht, sterben kannst du immer noch. Der Tod entgeht dir nicht. Aber deine Lebenskraft wird von Tag zu Tag geringer.« Er schaute sie traurig an. »Ich kann dir nicht mehr helfen. Wahrscheinlich habe ich das nie gekonnt. Aber ich hab' dich sehr lieb, und deshalb bin ich traurig und leer. Manchmal hab' ich Angst, daß ich durchdrehe. Und ich möchte doch noch gern ein bißchen leben. – Ich gehe jetzt, Natascha.«

Die beiden standen auf und umarmten sich stumm. Dann hinkte Christian davon, und Natascha schaute ihm nach, bis er zwischen den hastenden Menschen verschwunden war.

14

Am Abend dieses Tages packte Christian seine Reisetasche. Einen Monat lang würde er fast immer auf Reisen sein: Augsburg stand auf seinem Programm und dann Wesel, danach München und Oberbayern, dann Hamm, dann einige Orte im Kölner Raum und zahllose Schulen und Büchereien in der unmittelbaren Umgebung von Frankfurt.
Nach seinem Gehirnschlag, der jetzt zwei Jahre zurücklag, hatte sich Christian eigentlich fest vorgenommen, niemals mehr als zwei Veranstaltungen täglich zu akzeptieren, jetzt lag der Durchschnitt bereits wieder bei drei Veranstaltungen, aber auch vier kamen gelegentlich vor.
Irgendwie war sich Christian schon klar darüber, daß er mit dieser Überfülle von Veranstaltungen auf der Flucht war vor den Problemen seines eigenen Lebens. Der große Erfolg seiner Lesungen und Informationsveranstaltungen ließ ihn für kurze Zeit die immer größeren Wunden vergessen, die ihm in seiner Beziehung zu Natascha und anderen Süchtigen geschlagen wurden. Seine begehrten Auftritte – er hatte mehr Angebote, als er annehmen konnte, selbst wenn er *nur* Lesungen gehalten hätte – wurden für ihn zu der Droge, mit der er sein Leid zur Seite drängte. Es machte ihn zufrieden, wenn die Zeitungen in großes Lob darüber ausbrachen, was er trotz seiner schweren Behinderung alles noch tat. Dabei hätte er bei seiner Erfahrung wissen müssen, daß *alle* Drogen (auch die Droge Arbeit) die Leistungsfähigkeit eines Menschen kurzfristig steigern, aller-

dings um den Preis der Zerstörung. Aber seine Zerstörung verdrängte er genauso wie Natascha die ihre. Beide hatten dafür ihre Droge.
Schon seit einiger Zeit respektierte Christian die Grenzen nicht mehr, die ihm durch seinen Gehirnschlag gesetzt worden waren, denn gerade in der Grenzüberschreitung erfuhr er den Rausch, der ihn die Belastungen in seinen Beziehungen zu Süchtigen und ganz besonders zu Natascha ertragen ließ. Alkohol brachte ihm so gut wie gar nichts mehr, eher das Gegenteil.
Natürlich hatte Christian, wie alle Süchtigen oder zumindest Suchtgefährdeten, auch ein rationales Argument für seine Arbeitswut. Natascha war kein Einzelfall, sondern eine von Millionen in unserem Land, die ihre Lebensangst mit Alkohol, Medikamenten oder illegalen Drogen betäuben. Jedes Jahr gehen mehr an dieser Sucht zugrunde, immer mehr steigen ein in die Abhängigkeit, und diese Menschen werden immer jünger. Vielleicht war es der Sinn seiner Arbeit – inmitten des Unsinns, den Christian immer wieder in seiner Hilfestellung für die Suchtkranken erfuhr –, daß er davon erzählen konnte.
Vielleicht konnte er durch seine Veranstaltungen wenigstens einige junge Menschen vor diesem Weg ohne Rückkehr bewahren.
Vielleicht war das die eigentliche Aufgabe seines Lebens.
Dennoch – einmal hatte ihn bei einer Veranstaltung jemand angesprochen und gesagt: »Was kann ich einzelner kleiner Mensch eigentlich gegen dieses Riesenproblem tun?« Und Christian hatte geantwortet: »Glauben Sie vor allen Dingen nicht, daß Sie dieses Problem *allein* lösen müßten. Tun Sie, was Sie können. Der erste und wichtigste Schritt heißt: Erkennen Sie Ihre Grenzen, und respektieren Sie, daß Sie Grenzen haben. Wenn Sie das nicht tun, geraten Sie irgend-

wann selbst einmal in den Teufelskreis der Sucht. Sie ertragen Ihr Leben nicht mehr ohne Drogen, aber die Drogen zerstören Ihr Leben.«

Für sein eigenes Leben beachtete Christian solche Erkenntnisse allerdings nicht.

Auf seiner Lesereise wurde er immer wieder mit Natascha konfrontiert. Ihr Buch war erschienen und war vom ersten Tag an sehr gut verkauft worden. Es gab kaum eine Schulklasse, in der es nicht schon jemand gelesen hatte, auch als Vorbereitung für Christians Besuch. Und dann kam natürlich immer sehr bald die Frage: »Was macht Natascha heute? Haben Sie noch Kontakt zu ihr? Hat sie's gepackt?«

Und Christian erzählte von Nataschas schweren Rückfällen, von Tamaras Geburt, von der Entscheidung des Jugendamtes und Nataschas immer größerer Verzweiflung.

Die Schülerinnen und Schüler reagierten hilflos und tief betroffen. Meist kam dann, nach einer Zeit des Schweigens – was in achten bis zehnten Klassen sehr selten ist, wie die Lehrer erzählten – noch eine Frage: »Glauben Sie, daß sie es noch schafft?«

Christian dachte jedesmal lange nach. Aber am Ende fiel ihm doch immer nur dieselbe Antwort ein: »Nein«, sagte er leise, »ich glaube nicht mehr daran. Aber ich hoff's.«

Als Christian nach der Mammuttournee wieder in seinem Büro saß, überfiel ihn eine tiefe Traurigkeit.

Zwischen seiner Post, die er sofort durchgeblättert hatte, befand sich kein Lebenszeichen von Natascha. Auch angerufen hatte sie nicht. Christian hatte ihr die Nummer der Nachbarwohnung gegeben, einer Wohngemeinschaft von drei Erzieherinnen.

Die hätten Christian jederzeit erreichen können, wenn etwas Wichtiges passiert wäre.

Was machte Natascha? Lebte sie noch?

Das war wahrscheinlich, denn von ihrem Tod wäre er ganz sicher von Naturschas Mutter unterrichtet worden, die er vor längerer Zeit kennengelernt hatte.
Christian spielte mit dem Gedanken, zu Nataschas Wohnung nach Bonames zu fahren. Falls sie dort nicht sein sollte, konnte er sie auf der Szene suchen. Finden würde er sie, da war er sich ganz sicher. Aber genau da lag auch sein großes Problem: In welchem Zustand würde er sie finden? Von der ersten Zeit seiner Arbeit mit Süchtigen abgesehen, hatte er seine Freunde niemals von sich aus aufgesucht. Jeder Kontakt war durch deren Initiative zustande gekommen, es sei denn, er hatte sie zufällig getroffen. Denn Christian hatte gelernt, daß sein Engagement überhaupt nur einen Sinn hatte, wenn die Süchtigen wenigstens signalisierten, daß sie seine Hilfe überhaupt wollten.
In seiner Beziehung zu Natascha hatte er sich von Anfang an bewußt und eisern an diese Regel gehalten: *Alle* Treffen waren dadurch zustande gekommen, daß Natascha bei ihm angerufen hatte oder daß sie bei ihren Treffen das nächste vereinbarten. Dabei hatte es Christian oft gedrängt, einmal von sich aus auf Natascha zuzugehen. Er hatte es niemals getan. Und im nachhinein konnte er sich sagen, daß er sich durch das konsequente Durchhalten dieser Grundentscheidung jenen Rest innerer Distanz zu Natascha bewahrt hatte, der ihm dabei half, nicht ganz und gar ihre Zerstörung zu teilen.
In den Tagen vor Weihnachten stellte Christian die bereits zugesagten Termine für seine Lesereisen des kommenden Jahres zusammen. Es war genug für ihn, arbeitsmäßig und finanziell, außerdem würden zwei seiner Werke als Taschenbücher erscheinen, und ein neues Buch war geplant, eventuell sogar ein Drehbuch für einen Film; aber es würden noch mehr Angebote kommen.

Christian wußte, daß er – wider besseres Wissen – alles akzeptieren würde, was er zeitlich nur irgendwie unterbringen konnte. Er wußte nicht, daß seine Planungen zum größten Teil sinnlos waren. Bald würde er gar nichts mehr tun können, jedenfalls nicht für längere Zeit.

Nach Weihnachten – nicht einmal zu den Feiertagen hatte sich Natascha bei dem immer unruhiger werdenden Christian gemeldet – klingelte das Telefon.

Den Namen der Frau, die ihn anrief, verstand er nicht, aber dann hörte er gebannt zu.

»Wir kennen uns noch nicht persönlich«, sagte die Frau, »ich bin die Pflegemutter der kleinen Tamara Wegner. Natascha hat oft von Ihnen erzählt und mir auch Ihre Telefonnummer gegeben. Falls mal etwas sein sollte...«

»Ja«, sagte Christian nervös dazwischen, »haben Sie eine Ahnung, wo Natascha sein könnte?«

Am anderen Ende der Leitung war es einen Augenblick lang still. Dann sagte die Frau: »Nein, wir wissen nicht, wo sie ist. Das ist eigentlich der Grund meines Anrufes. Wir machen uns nämlich große Sorgen um sie.« Die Frau machte eine Pause, aber als der immer nervöser werdende Christian nichts sagte, sprach sie weiter. »Ich erzähle Ihnen am besten die ganze Geschichte: Vor etwa einer Woche tauchte Natascha plötzlich bei uns auf. Sie sah so elend aus, daß ich sie im ersten Augenblick nicht einmal erkannt habe, wissen Sie, so richtig verkommen und verwahrlost. Wir haben sie natürlich hereingebeten, und sie erzählte uns, daß es auf der Szene jetzt endgültig für sie zu Ende sei. Sie habe dort inzwischen über 20000 Mark Schulden und keiner gäbe ihr mehr etwas. Sie würde jetzt in eine Psychiatrie fahren, in ihrem Zustand müsse man sie ja wohl als Notfall aufnehmen. Und sie wollte zusehen, daß sie so schnell wie möglich in Therapie kann. Sie wollte nur ihr Baby noch einmal sehen. Ich hab' ihr etwas zu essen gemacht, und sie hat ein bißchen mit dem Kind gespielt. Aber sie war völlig kaputt. Ich dachte, die bricht jeden Augenblick tot zusammen. Ich wollte schon den Notarzt anrufen. Aber das wollte sie nicht. Ich hab' ihr dann die paar Mark gegeben für eine Fahrkarte in die Psychiatrie, obwohl ich dachte, die kommt nie dort an. Aber irgendwie muß sie es doch geschafft haben, denn einen Tag später rief sie mich von dort aus an. Sie erzählte, daß sie möglicherweise sogar auf einen Therapieplatz warten könnte, zumindest aber einen vollständigen Entzug würde sie machen. Sie klang schon wieder ganz kräftig am Telefon, und ich hab' mich richtig gefreut. Wissen Sie«, die Stimme der Frau klang auf einmal warm, »ich glaube, daß sie ihr Töchterchen sehr lieb hat und daß sie eine gute Mutter sein würde, wenn sie ihre Finger nur von den Drogen lassen könnte. Na ja, Sie kennen sie ja noch viel besser. Jedenfalls hab' ich dort angerufen; ich wollte nur mal fragen, wie's so geht. Da sagten mir die Leute, daß sie nach zwei Tagen wieder abgehauen sei! Aber in ihrem Zustand stirbt sie! Ich hatte gehofft, daß Natascha sich vielleicht bei Ihnen melden würde.«

»Hoffentlich meldet sie sich bei mir«, sagte Christian leise.

»Würden Sie mir dann bitte Bescheid geben.«

»Auf jeden Fall«, sagte Christian und notierte sich die Telefonnummer von Tamaras Pflegemutter. Dann legte er auf. Christian war sehr verwirrt. Sollte er nicht doch versuchen, Natascha zu finden? Er goß sich einen reichlich großen Wodka ein und versuchte, ruhig nachzudenken.

Warum meldete Natascha sich nur nicht bei ihm? Wollte sie nicht, oder konnte sie nicht? Wenn sie nicht wollte, war die Sache für ihn klar. Er würde sie in Ruhe lassen, obwohl ihn große Trauer überkam. Er machte sich keine Illusionen über seine Gefühle für Natascha. Christian liebte diese Frau mehr,

als er jemals einen Menschen geliebt hatte; er war auch davon überzeugt, daß Natascha ihn wiederliebte, aber eben mit der Liebe einer Süchtigen: An erster Stelle kommt die Droge. Als er vor vielen Jahren noch gelegentlich seine Freunde auf der Szene suchte, hatten die ihn oft nicht einmal erkannt. Bis oben vollgepumpt mit Drogen, hatten sie ihn nur blöde angeglotzt, und er hatte gespürt, daß er völlig überflüssig war und störte. Wenn er sie in ihren Wohnungen aufsuchte, war es nicht anders. Die Menschen lagen oder hockten stumpfsinnig inmitten von auf dem Fußboden ausgedrückten Zigarettenkippen und leeren oder halbvollen Alkoholflaschen und Spritzen. Töpfe und ungespültes Geschirr standen herum, die Speisereste waren angeschimmelt. Oft waren noch Leute da, die er nicht kannte. Christian hätte es bei seiner angeschlagenen körperlichen und seelischen Gesundheit nicht ertragen, Natascha in einem solchen Zustand zu sehen. Er wäre durchgedreht. Andererseits war ihm der Gedanke unerträglich, daß Natascha in diesem Dreck sterben könnte, ohne daß er bei ihr war. Durfte er sie in ihrem Zustand überhaupt allein lassen? War er einfach feige?
Christian grübelte und grübelte. Er goß sich einen zweiten Wodka ein. Aber er kam in seinen Gedanken nicht wirklich weiter. Er glaubte immer mehr, daß es einfach Menschenpflicht sei, nach der geliebten Frau zu schauen, aber er brachte es nicht fertig.
Am nächsten Tag fand er zwischen seiner Post zwei Briefe, die an ihn adressiert, aber eigentlich an Natascha gerichtet waren. Zwei Schulklassen luden sie ein, im Unterricht zum Drogenthema Rede und Antwort zu stehen.
Christian mußte fast lachen. Jetzt hatte er einen Grund, Natascha aufzusuchen, aber er brachte es nicht fertig. Seine Angst war zu groß. Auch für ihn war eine Einladung dabei gewesen. Er trug sie in seinem Terminkalender ein.

15

Natascha rief eine Woche später an.
»Kannst du zur Drogenberatung kommen? Ich hab' da um 16 Uhr einen Termin. Wenn du eine Stunde eher da bist, können wir einen Kaffee trinken. Ich hab' dir viel zu erzählen. Ich glaube, daß du dich sehr freuen wirst.«
Christian fuhr sofort los. Natascha erwartete ihn vor einem kleinen Café direkt neben der Drogenberatung. Die beiden umarmten sich wie nach mehrjähriger Trennung, dann schauten sie sich lange an.
»Du siehst nicht gut aus«, sagte Natascha schließlich.
»Du auch nicht.« Christian war erschrocken, wie mager Natascha geworden war. Ihr Gesicht war fleckiger als jemals zuvor, aber in ihren Augen war mehr Leben als bei ihrem letzten Treffen.
»Ich freue mich, daß du noch lebst«, sagte Christian leise.
»Laß uns einen Kaffee trinken«, sagte Natascha. »Ich hab' dir viel zu erzählen.«
Die beiden betraten das Café, setzten sich und bestellten.
»Meine Drogenkarriere ist zu Ende«, sagte Natascha.
Christian dachte an das Telefonat mit Tamaras Pflegemutter und sagte: »Bekommst du kein Dope mehr auf der Szene?«
»Wie kommst du denn darauf?«
Christian erzählte von dem Telefongespräch.
»Hat Frau Bucher dich also angerufen«, sagte Natascha. »Ja, sie ist nett, und Tamara hat es ganz sicher gut bei ihr. Aber sie ist mein Kind, und ich werde um meine Kleine kämpfen.« Sie sah Christian gerade in die Augen. »Nein«, sagte sie dann, »es ist schon richtig, daß ich wahnsinnig hohe Schulden bei meinem Dealer habe. Er hat mich deswegen auch schon geschlagen. Aber irgendwie kriege ich das schon immer wieder hin. Schließlich weiß er ja auch,

was er an mir hat, denn ich verkaufe ja das Zeug für ihn.« Natascha blickte vor sich hin. »Als ich in der Psychiatrie war«, fuhr sie fort, »fiel mir auf einmal ein, daß meine Sozialhilfe ja wieder fällig war. Da bin ich natürlich abgehauen und hab' ihm das Geld gebracht, als Anzahlung für meine Schulden.« Auf einmal wurde Nataschas Stimme hart. »Aber jetzt will ich nicht mehr! Mir reicht's! Du hast irgendwann mal so was Ähnliches gesagt wie: Der Tod läuft dir nicht weg. Aber mit jedem Druck verlierst du ein bißchen von deiner Lebenskraft. Irgendwie ist mir das im Kopf geblieben, trotz der Drogen. Ich bin zur Drogenberatung, also zu dieser hier, wo ich noch nicht war, gegangen und habe meine Situation ganz genau dargelegt.«

Mit einem tiefen Seufzer lehnte Christian sich zurück.

Natascha legte ihm die Hand auf den Arm. »Ja, ich weiß, diese Geschichte ist nicht neu für dich. Aber hör noch ein einziges Mal zu, zum letzten Mal. Ich habe ganz ehrlich gesagt, in wieviel Therapien ich schon war und daß ich jedesmal abgebrochen habe. Die Drogenberaterin erzählte mir von einer Therapie irgendwo im Odenwald. Diese Einrichtung hätte sich gerade auf Leute mit ständigen Therapieabbrüchen spezialisiert. Ich rief direkt von der Drogenberatung dort an, weil ich wissen wollte, ob überhaupt Plätze frei wären. Die Leute sagten mir, daß gerade eben zwei Plätze frei geworden wären, und sobald ich entzogen sei und die Kostenzusage da wäre, könnte ich kommen. Allerdings müßte ich so schnell wie möglich zu einem Vorstellungsgespräch kommen, denn sie würden nicht jeden nehmen. Bestimmte Voraussetzungen müßten schon erfüllt sein. Ich machte gleich am Telefon den Termin für ein Vorstellungsgespräch fest, und dann war...«

»Und wann ist dieses Gespräch?« fragte Christian dazwischen.

»Schon erledigt«, sagte Natascha stolz. »Magst du ein Eis?«
»Wenn du eins magst, bestell dir eins«, sagte Christian, »ich trink lieber einen Wodka.«
»Wir erledigten sofort den Papierkram«, erzählte Natascha weiter, »und eine Woche später fuhr die Drogenberaterin mit mir zum Vorstellungsgespräch. Sie hatte mich dringend ermahnt, bei diesem Gespräch auf keinen Fall zu zu sein, weil ich den Platz sonst vergessen könnte. Ich gab mir alle Mühe. Leicht war das nicht. Du weißt ja selbst, wie das bei Junkies ist, die Therapie machen wollen. Die drücken, als müßten sie unbedingt noch einen Endspurt hinlegen. Ich erinnere mich noch, daß Rosalie, also meine Drogenberaterin, mindestens zweimal zu mir auf die Szene kam und sagte: ›Natascha, wenn du heute nicht in der Therapie anrufst, gehen die davon aus, daß du nicht mehr an dem Platz interessiert bist.‹ Aber alles ging gut, auch das Vorstellungsgespräch. Der Therapeut von dort meinte, er hätte schon den Eindruck, daß ich in diese Gemeinschaft passen würde und daß ich ehrlich mit dem Drücken aufhören wollte. Ich war total glücklich.«
Eine Kellnerin brachte das Eis und den Wodka.
»Auf der Rückfahrt ließ mich Rosalie bei der ersten Gelegenheit aussteigen. Ich machte mir in einem Gebüsch mit zitternden Händen den Druck, den ich mir schon am Morgen aufgezogen hatte. Jetzt war alles in Ordnung. Ich hatte das Gespräch durchgestanden, und ich werde noch mehr durchstehen.«
»Wann fängst du mit der Therapie an?« fragte Christian, nachdem er seinen Wodka heruntergekippt hatte.
»Sobald ein Platz für den Entzug frei ist«, sagte Natascha. »Rosalie hat mir gesagt, daß sie schon eine vorläufige mündliche Kostenzusage hat. Es kann also morgen bereits losgehen.«

Christian schaute Natascha nachdenklich an.
»Du guckst so«, sagte sie nach einer Weile, »als ob du nicht glauben würdest, daß das ganze viel Sinn hat.« In ihrer Stimme lag sogar ein wenig Angst, als sie nach Christians Händen griff und ihm dieselbe Frage stellte wie vor einigen Wochen Dutzende von Schülerinnen und Schülern. »Glaubst du, daß ich es schaffe?«
Zum Glück fiel Christian etwas ein, was Natascha von dieser ihm unangenehmen Frage ablenken könnte. Er griff in die Tasche und schob zwei Briefe über den Tisch.
»Von Schulklassen«, sagte er, »für dich.«
»Für mich?« Natascha schaute ihn erstaunt an. Dann griff sie nach den Papieren und las die freundlichen Einladungen aufmerksam durch. Danach starrte sie eine Weile nachdenklich vor sich hin.
»Weißt du, Christian«, sagte sie schließlich. »Ich werde jetzt erst einmal Therapie machen, um mein Leben endlich in Ordnung zu bekommen; so in Ordnung, daß ich mein Kind vernünftig erziehen kann. Aber eines Tages werde ich solche Einladungen annehmen.« Sie lächelte Christian an. »Weißt du noch, in der ersten Zeit unserer Beziehung, als wir an meinem Buch gearbeitet haben und alles so hoffnungsvoll aussah, hast du mich ein paarmal mit zu deinen Veranstaltungen genommen. Ich weiß noch, wie wir zusammen diskutiert haben. Das ging doch eigentlich ganz gut, oder?«
»Das ging ausgezeichnet«, sagte Christian, »und ich kenne niemanden, den ich lieber mitnehmen würde. Wenn wir über Drogen reden, können wir das gemeinsam besser als jeder von uns allein, aber erst einmal...«
»Ja, ich weiß«, unterbrach ihn Natascha. »Erst ist Therapie angesagt. Aber gemeinsam mit dir etwas Sinnvolles tun, das ist ein guter Traum. Und eines Tages wird er genauso wahr sein wie alle meine anderen schönen Träume.«

Fast glücklich lächelte Natascha vor sich hin. Aber plötzlich wurde sie ernst. »Du hast meine Frage noch nicht beantwortet. Glaubst du, daß ich es schaffe?«
Aber klar, wollte Christian sagen, warum solltest du es nicht schaffen, wo es doch so viele andere packen!
Aber Christian brachte diese Phrase nicht über die Lippen. Er spürte, daß er Natascha nicht belügen konnte, nicht einmal aus sogenannten pädagogischen Gründen. Lange dachte er nach, länger als vor den Schulklassen. Aber ihm fiel nichts Neues ein. »Weißt du, Natascha«, sagte er dann leise, »ich denke gerade an viele meiner Bekannten. Einige kennst du auch. Bei manchen hätte ich geschworen, daß sie es packen, und die sind heute noch auf der Szene oder tot. Bei anderen hielt ich die Sache für aussichtslos und die Therapie für rausgeschmissenes Geld. Einige von denen sind heute clean. Wichtig ist nicht, was *ich glaube*, sondern was *du tust*. Aber das weißt du doch selbst.«
»Trotzdem«, beharrte Natascha, »glaubst du, daß ich es schaffe?«
»Nein«, sagte Christian noch leiser als vorhin. »Ich hab' nicht mehr die Kraft dazu. Aber ich hoff's, und ich werde an dich denken.«
Nataschas nächster Anruf kam zwei Tage später aus einem psychiatrischen Krankenhaus, und zehn Tage lang telefonierten die beiden hin und her. Die Gespräche hatten fast denselben Inhalt. »Ich glaube, ich schaff's nicht«, stöhnte Natascha. »Ich hab' nicht gedacht, daß es so hart wird. Ich denke nur noch ans Drücken.«
»Denk an dein Kind«, sagte Christian.
»Versuch ich ja«, gab Natascha zurück. »Das Problem ist nur, daß ich hier unter lauter Leuten bin, die auch ans Drükken denken. Was meinst du wohl, wie wir uns gegenseitig hochschaukeln. Wenn der erste hier abhaut, bin ich dabei.«

»Und dann geht alles wieder von vorne los! Bleib doch einfach einmal stehen, zum ersten Mal in deinem Leben. Außerdem: Beim Entzug stirbt man sehr selten, aber auf der Szene sehr oft.«
»Alles klar, Christian. Ich bleibe zumindest bis morgen. Dann mußt du mich aber wieder anrufen. Ich hab' kein Geld mehr.«
»Klar ruf ich dich an.«
Am elften Tag sagte Natascha: »Ich muß gleich zur Untersuchung. Der Entzug ist zwar noch nicht ganz zu Ende, aber wahrscheinlich kann ich morgen trotzdem mit der Therapie anfangen.«
Ein knappes Jahr später schrieb Natascha in einem Brief an Christian: Natürlich denke ich noch oft an diese Zeit zurück und an die vielen Gespräche, die wir damals hatten. Du wolltest ja nie akzeptieren, daß du viel für mich getan hattest. Na gut, *getan* hast du wirklich nicht viel, du hast nicht einmal sehr viel gesagt, ganz im Gegensatz zu vielen anderen Menschen, die mir helfen wollten und wohl auch geholfen haben. Die redeten und redeten. Du warst eigentlich nur da und hörtest zu, wie ich rumheulte. Und wenn du etwas sagtest, war das oft hart, sehr hart. Ich weiß noch sehr gut, wie ich geschluckt habe, als du einmal von dem »guten alten Virus« sprachst, mit dem ich alles entschuldigen würde. So hat noch niemand zu mir geredet, im Gegenteil. Gerade weil ich diesen Virus habe, glauben viele Menschen, daß sie besonders rücksichtsvoll zu mir sein müßten. Sie haben Angst, mich zu verletzen und mir weh zu tun. Du hattest diese Angst nicht. Du hast mich verletzt, und du hast mir manchmal so weh getan, daß ich mich gefragt habe, wieso ich mir das eigentlich bieten lasse.
Ich glaube, daß es dafür zwei Gründe gibt.
Einmal hast du ein Recht, so mit mir zu reden, weil deine

Krankheit der meinen sehr ähnlich ist. Da ist etwas, das stärker ist als wir, das zerstört uns, und wir können es nicht aufhalten. Du bist genauso angeschlagen wie ich. Du warst hart zu mir, aber gerade dadurch hast du mir geholfen, die Dinge zu sehen, wie sie sind, und mit der Wahrheit zu leben.
Und dann ist da noch etwas. Viele von meinen neuen Freunden wissen nicht viel von meiner Vergangenheit, und ich habe noch Angst, davon zu sprechen. Die kennen auch alle mein Buch nicht. Ich weiß nicht, wie sie zu mir stehen würden, wenn sie alles wüßten. Du weißt alles von mir, mit dir kann ich über alles ohne Angst reden. Ich weiß: Du hast mich trotzdem lieb. Das ist immer so gewesen, von Anfang an. Nein, stimmt gar nicht, es war nicht immer so. Es ist schöner und tiefer geworden. Unsere Beziehung hat mir Selbstachtung und Selbstbewußtsein gegeben und damals die Kraft, es noch einmal zu versuchen.

16

Aus Nataschas Manuskript:
Genau an meinem Geburtstag wurde ich in der Therapie Oldenstadt aufgenommen. Für mich war das ein gutes Zeichen, denn für mich sollte ein ganz neues Leben anfangen. Christian hatte bereits einen kurzen Glückwunsch für mich notieren lassen, denn Telefonkontakte durfte ich in der allerersten Zeit nicht haben.
Weil ich Geburtstag hatte, gab es zur Begrüßung Kaffee und Kuchen. Die Atmosphäre war dadurch gleich gelokkert, und ich hatte sofort das Gefühl, mich hier wohlfühlen zu können.
Außerdem waren zu diesem Zeitpunkt mit mir nur sieben

Klienten da. Das gab mir, im Gegensatz zu den Einrichtungen, in denen ich früher war, das Gefühl, in einer Familie zu sein. Nach der Begrüßung wurden meine Sachen gefilzt, um sicher zu sein, daß ich keine Drogen hereinbrachte. Und während Christiane, damals die einzige weibliche Klientin außer mir, meine Habseligkeiten durchsuchte, erklärte sie mir schon einmal die wichtigsten Regeln von Oldenstadt.

»Am Wochenende sind keine Therapeuten im Haus und abends auch nicht«, sagte sie. »Dann hat einer von uns Klienten die Hausverantwortung. Bei ihm muß man sich an- und abmelden, wenn man das Haus verläßt oder wiederkommt. Er muß schauen, daß alles in Ordnung ist.«

»Für mich ist es das Gute und gleichzeitig das Schwierigste hier, daß du von Anfang an selbst Verantwortung übernimmst. In den ersten beiden Wochen kannst du nur mit Begleitpersonen raus, und du mußt in der Umgebung bleiben. Danach darfst du schon allein bis nach Darmstadt fahren. Es ist alles ziemlich locker hier, aber wenn du einen Rückfall baust, mußt du damit rechnen, rausgeschmissen zu werden.«

»Sind schon Rückfälle passiert, seit du hier bist?« fragte ich. »Ja«, sagte Christiane, »ich hab' selbst einen gebaut. Das Team hat mir noch einmal eine Chance gegeben, weil ich mit meinem Kind hier bin. Aber Frank mußte gehen. Der kam völlig zugedrückt nach Hause, aber als der Hausverantwortliche ihn deswegen ansprach, stritt er alles ab. Er versuchte sogar, bei der Urinkontrolle zu betrügen. Das war der eigentliche Grund, weshalb er rausgeschmissen wurde. Aber Frank hat sich ein paar Tage danach noch einmal beworben. Vielleicht kann er schon in der nächsten Woche wiederkommen.«

Den Rest des Tages verbrachte ich damit, die Leute hier

etwas näher kennenzulernen, meine Sachen einzuräumen und mich in die Badewanne zu legen.
Am Abend sagte Denis, einer der Klienten, zu mir: »So ganz fit bist du aber auch noch nicht. Wenn du nicht schlafen kannst, komm einfach in mein Zimmer. Melde dich, wenn du auf schräge Gedanken kommst. Wir wissen schließlich alle, was in der ersten Zeit abgeht.«
»Ist klar«, sagte ich, »bevor ich Dummheiten mache, komme ich zu dir. Aber wo ich jetzt nicht mehr in der Klapse bin und die anderen Suchtbolzen um mich habe, ist alles nur halb so schlimm.«
Meine erste Nacht in der Therapie verbrachte ich trotz der immer noch leichten Entzugserscheinungen einigermaßen ruhig.
Ich wälzte mich zwar hin und her, stand immer wieder auf, fiel aber auch immer wieder in eine Art Halbschlaf. Am Morgen war ich allerdings wie gerädert.
Ich sollte in der Hausmeisterei arbeiten, wo gerade alle Fußbodenleisten für das Haus erneuert wurden. Ich mußte dafür vorgesehene Holzlatten auf die richtige Länge sägen und sie dann festnageln.
Nach fünf Leisten konnte ich nicht mehr. Ich wußte nicht, ob ich stehen oder knien sollte. Mein Kreislauf spielte verrückt. Der Klient, der mit mir arbeitete, sah sofort, was mit mir los war, und sagte im Team Bescheid. Ich durfte mich hinlegen.
Maria, die Mitarbeiterin, die später meine Einzeltherapeutin wurde, sagte zu mir: »Natascha, wenn es dir jetzt noch zuviel wird mit der Arbeit, kannst du ruhig Bescheid sagen. Wir haben oft Leute hier, die noch nicht wieder richtig fit sind. Es ist schon in Ordnung, wenn ihr euch zwischendurch mal hinlegt, solange ihr euch nicht vor der Arbeit drückt!«

Die ersten Wochen in Oldenstadt vergingen wie im Flug. Ich genoß die Tage, an denen ich mich seit langer Zeit wieder richtig fit fühlte, und die Nächte, in denen ich ohne Schwierigkeiten tief durchschlafen konnte.
An Christian schrieb Natascha:
Ich habe ein gutes Gefühl und glaube, daß es richtig war, hierher zu kommen. Die Therapeuten wissen, wie sie mit mir umgehen müssen, und werden mir sicher helfen, meinen Weg zu finden. Weil ich raus darf, bin ich gezwungen zu lernen, mit der Gesellschaft und der Realität draußen klarzukommen. Ich hatte in den wenigen Wochen, wo ich hier bin, schon oft Gelegenheit, mir Dope zu besorgen, und wenn ich nicht die therapeutische Gemeinschaft im Rücken hätte, würde ich gefixt haben. Gestern habe ich mich gefragt, ob ich gehen würde, wenn es Tamara nicht gäbe, und ich wußte: Im Moment zumindest würde ich bleiben, weil ich mich ganz einfach wohlfühle.
Aber dann, Christian, gibt es noch eine andere Wirklichkeit, die aus der Einsplus meiner Gefühle immer wieder eine Vierminus macht. Du kannst dir sicher denken, daß ich jetzt von meinem Virus rede. Ich denke viel daran. Was ist eigentlich, wenn ich sterben sollte? Ich bin seit langer Zeit wieder clean und spüre Tag für Tag mehr das Leben, das ich genießen möchte, und ich meine ganz ehrlich ein Leben ohne Drogen. Ich möchte endlich echte Gefühle und erfüllbare Wünsche und Träume haben. Ich möchte Ziele erreichen, die ich mir selbst gesteckt habe. Ich will leben! Aber dann fällt mir der Virus ein, und mein Zukunftstraum bricht ab. Ich hab' Schiß, Christian. Mein Leben mit dem Virus ist sicher das Schwerste, was ich auf die Reihe bekommen muß.
Aber ich habe hier in Oldenstadt noch gut fünf Monate vor mir, die ich voll ausnutzen werde. Vielleicht geschieht ja

ein Wunder, und ich kann diese üble Sache endlich abhaken nach dem Motto: C'est la vie; oder wie du sagst: So ist das nun mal, da müssen wir durch.

Drei Wochen später schrieb Natascha:

Es hat sich wieder mal einiges geändert und getan bei mir in der letzten Zeit.

Vergangene Woche hatte ich einen Termin beim Jugendamt – es war übel!

In den Tagen davor hatte ich Tamara bei mir. Die Pflegeeltern hatten sie mit Einverständnis des Jugendamtes gebracht. Es war wahnsinnig schön! Ich hab' mit der Kleinen gespielt und viel unternommen. Immer wieder habe ich mein Kind angeschaut und in den Arm genommen. Ich fühlte, daß ich wirklich und wahrhaftig doch noch Mutter bin. Tamara ist ein Baby geworden, auf das man stolz sein kann. Sie kann so wunderschön lachen und heult so gut wie überhaupt nicht mehr.

Aber letzten Mittwoch mußten dann alle Beteiligten zum Jugendamt, weil entschieden werden sollte, wie es mit meiner Tochter weitergeht.

Unser Zivi fuhr mich und Tamara nach Frankfurt zum Amt. Als Barbara, die Pflegemutter kam, schaute Tamara sie erst ganz irritiert an, dann schielte sie zu mir herüber, und dann lachte sie Barbara an und wollte unbedingt zu *ihr*.

Verdammt! Das tat so weh. Ich hätte heulen können. Und wenige Minuten später tat ich das auch, während der ganzen Verhandlung.

Für das Jugendamt war die Sache klar: Wenn ich nach Frankfurt zurückziehen würde, selbst nach erfolgreich abgeschlossener Therapie, erhielte ich Tamara nicht zurück.

Ich bekam eine Stinkwut auf das Amt, auf die Pflegemutter, auf mein Kind, auf alles und jeden. Ich hatte das Gefühl: Die nehmen dir auf eine ganz linke Tour dein Kind weg!

Ich sah keine Chance für mich. In Frankfurt wohnte ich doch! Wie sollte ich denn woanders eine Wohnung finden? Wenn man von der Sozialhilfe lebt, ist das so gut wie unmöglich. Das hatte ich in Frankfurt doch schon einmal erlebt.

Dann bekam ich Wut auf das Dope und auf mich, weil ich spürte, daß die größte Schuld bei mir selber lag. Ich heulte wie verrückt, denn ich sah keinen Sinn mehr für mich. Ich dachte: Ich bleibe jetzt hier in Frankfurt und drücke, bis ich tot bin. Wozu eigentlich leben? Tamara will ohnehin lieber zu Barbara.

Auf dem Weg zurück nach Oldenstadt sagte ich keinen Ton. In meinem Kopf war nichts als der Gedanke an einen Druck. Zu Hause, in meinem Zimmer, zählte ich mein Geld und rechnete aus, für wieviel Dope es reichen würde.

Aber dann dachte ich plötzlich: Du gehst jetzt nicht aus dem Zimmer. Du bleibst hier. Ich fing an aufzuräumen; nachdem Tamara vier Tage hier war, sah's chaotisch aus. Sobald ich Sachen von ihr in der Hand hatte, fing ich wieder zu flennen an.

Aber dann sagte ich mir noch einmal: Nein! Ich will mein Kind. Irgendwann will ich zu ihm sagen können: Tamara, ich habe es geschafft. Es war schwer, aber ich habe nicht aufgegeben. Fast zwei Stunden war ich allein im Zimmer. Wenn jemand kam, ließ ich ihn abfahren. Das mußte ich mit mir allein abmachen.

Ich war gierig auf Dope. Aber ich spürte auch, daß irgend etwas in mir stärker war. Ich merkte, wie ich mich ganz langsam aus dem Loch zog.

Ich rief Barbara an und entschuldigte mich für mein Benehmen auf dem Amt. Außerdem bat ich sie, mir bei der Wohnungssuche zu helfen. Dann schrieb ich Bewerbungen an einige Nachsorgen. Wenn meine Therapie in gut vier Mo-

naten zu Ende war, wollte ich nicht auf der Straße stehen und deshalb wieder auf der Frankfurter Szene landen. Ich wollte mir in Ruhe irgendwo anders eine Wohnung suchen. Wahrscheinlich war es sogar gut, daß ich Tamara nur bekam, wenn ich nicht mehr in Frankfurt lebte.
In den nächsten Tagen konnte ich beim Jugendamt sogar durchsetzen, daß mir Tamara jedes zweite Wochenende in die Therapie gebracht wurde; oder ich fuhr zu Barbara, mit der ich mich immer besser verstand. Tamara hatte es gut bei den Buchners.
Ich hatte das Gefühl, mein Leben endlich in die eigenen Hände genommen zu haben. Ich will es schaffen, meine Träume Wirklichkeit werden zu lassen, selbst wenn ich noch ein oder zwei Jahre auf Tamara warten muß.

17

Aus Nataschas Manuskript:
Wenn ich morgens aufwachte, freute ich mich auf den Tag und fing schon beim Frühstück an, mit Denis und den anderen rumzualbern. Ich konnte beim Duschen wieder pfeifen oder singen. Ich fühlte Kraft in mir.
Zwischen Denis und mir war eine Beziehung entstanden. Wir fuhren total aufeinander ab, und ich hatte nur noch meinen Spaß mit ihm im Kopf. Ich trieb Kraftsport, und Denis brachte mir Schlagzeug spielen bei. Diese Beziehung ersetzte mir die Drogen. Ich brauchte nicht über mich nachzudenken. Ich powerte mich einfach aus.
Aber Maria, meine Einzeltherapeutin, holte mich auf den Boden der Wirklichkeit zurück.
»Natascha«, sagte sie, »wie fühlst du dich eigentlich in eurer Dreiecksbeziehung?«

Ich schluckte.
Unsere Dreiecksbeziehung sah so aus: Denis war seit über einem Jahr fest mit einer Frau zusammen. Vera hatte noch nie etwas mit Drogen zu tun gehabt. Statt dessen hatte sie viele schlechte Erfahrungen mit Denis und seiner Sucht gemacht. Aber trotz allem hielt sie zu ihm. Im Gegensatz zu ihr wußte ich von Anfang an, daß für Denis noch eine andere Frau existierte. Trotzdem genoß ich mein Zusammensein mit Denis ohne Gewissensbisse.
»Ich hab' noch nicht darüber nachgedacht«, antwortete ich auf Marias Frage. »Ich weiß, daß ich für ihn nur ein Kick bin, aber das reicht mir im Moment.«
Maria sagte: »Nach allem, was ich von dir weiß, kann ich mir nicht vorstellen, daß es dir wirklich reicht, nur ein Kick zu sein. Inzwischen weißt du, daß dein Körper ankommt. Aber hast du auch noch etwas anderes zu bieten? Glaubst du nicht, daß du es wert bist, von einem Mann *ganz* geliebt zu werden? Wo ist dein Selbstwertgefühl, dein Stolz?«
Ich versuchte, Maria meine Zwiespältigkeit zu erklären. Auf der einen Seite wollte ich gar keine feste Beziehung zu Denis. Aber dann gab es Momente, wo ich unzufrieden und traurig war. Ich wußte, er hatte Angst, sich ganz auf mich einzulassen, weil er bei mir niemals die Sicherheit bekommen würde, die Vera ihm gab. Ich würde nie einem Mann Sicherheit geben können.
Aber Maria ließ sich von meinem Selbstmitleid nicht beeinflussen. »Dein Verhalten«, sagte sie, »hat bisher immer deine Rückfälle eingeleitet. Nimm dich endlich als *ganze* Person, als Frau, ernst, und hör auf, dir immer nur sexuelle Bestätigung zu suchen.«
Nachdenklich ging ich in die Küche, um erst einmal eine Zigarette zu rauchen und einen Kaffee zu trinken. Denis kam herein und bemerkte meine Verstörtheit. Er wollte

mich umarmen, aber ich hielt ihn zurück und sagte: »Ich will, daß du dich entscheidest. Vera oder ich.«
Ich erzählte ihm von meinem Gespräch mit Maria, und er bat sich Bedenkzeit aus. Nachdem ich mich eine Stunde lang am Schlagzeug abreagiert hatte, ging ich zu ihm. Er sagte leise, aber ganz klar: »Natascha, ich kann mich nicht entscheiden.«
Mir war zum Heulen zumute. Verstört ging ich in mein Zimmer. Was für ein Spiel spielte ich eigentlich? Ich hatte kein wirkliches Interesse an ihm. Er war für mich nichts anderes als eine rauschhafte Ablenkung von meinen Problemen. Dennoch erwartete ich, daß er meinetwegen eine für ihn hilfreiche Beziehung abbrach.
Erst viel später begriff ich einiges. Mein Verhalten hatte sehr viel mit meiner HIV-Infizierung zu tun. Ich wollte mir beweisen, daß ich trotzdem mit jeder Frau mithalten konnte, ja, daß ich trotz des Virus besser und begehrenswerter war als jede andere Frau. Das war für mich neben den Drogen eine Methode, das Problem meiner Krankheit zu verdrängen.
Als Denis mich damals abfahren ließ, brach alles in mir zusammen, und mich überkam eine große Todessehnsucht. Ich wollte nicht mehr. Ich erinnerte mich an den Frieden und die Harmonie, die ich erlebt hatte, als ich mir einige Male zuviel Stoff drückte.
Ich wollte nicht mehr kämpfen. Ich konnte nicht mehr. Das Gespräch mit Maria hatte mich begreifen lassen, daß ich bereits wieder auf dem Weg zurück zur Szene war. Die Beziehung zu Denis bildete dazu nur die Vorstufe.
Die Therapie jedenfalls war längst zu Ende. Ich würde mein Leben niemals packen. Alles begann wieder von vorn.
Ich zählte mein Geld, zog meine Jacke an und meldete mich beim Hausverantwortlichen zu einem Spaziergang

ab. Es war gegen Abend. Ganz zielstrebig ging ich zur Autobahn und trampte nach Frankfurt. Für den Rest des Weges zur Szene nahm ich ein Taxi. Ich konnte nicht mehr richtig denken, irgendwie hatte ich noch im Kopf, daß ich mein Kind liebte, aber dem ging es gut bei Barbara.
Für mein gesamtes Geld – es war zum Kauf von Kleidung bestimmt – kaufte ich mir Koks und Heroin. Danach war ich plötzlich ganz ruhig. Die Dosis war mehr als ausreichend.
Ich machte mir den Schuß fertig und setzte mich abseits von den anderen Fixern hinter einen Baum. Noch einmal dachte ich: Tamara, ich hab' dich lieb. Dann machte ich mir schnell den Druck.
Ich schloß die Augen. Mein Herz fing sofort an zu rasen. Alles schien sich um mich zu drehen, und ein Glücksgefühl durchströmte mich: Ich brauche nicht mehr zu kämpfen. Es ist vorbei.
Ich spürte noch, wie mein Herz langsamer und langsamer schlug. Dann nichts mehr.
Irgendwann sah ich in weiter Ferne weißgekleidete Menschen um mich herumstehen. Ich begriff erst gar nicht, was los war, dann sprach eine Frau, eine Krankenschwester, mich an: »Frau Wegner, können Sie mich hören?«
Total benommen fragte ich: »Was ist denn los?«
»Sie sind in einem Krankenhaus. Sie haben sich eine Überdosis Heroin gespritzt.«
Scheiße! ging es mir durch den Kopf: Ich lebe immer noch. Ich erfuhr, daß die Ärzte mir ein Gegenmittel gespritzt und den Magen ausgepumpt hatten. Mir war fürchterlich übel. Ich fror und hatte starke Halsschmerzen. Erst nach etwa einer halben Stunde konnte ich aufstehen und leicht schwankend zur Toilette gehen.
Wie ich dann von der Schwester erfuhr, war es 11 Uhr

morgens, den Druck hatte ich mir am Vortag gegen 21 Uhr gesetzt. Ich verließ das Krankenhaus resigniert und ohne Ziel. Am Bahnhof traf ich Udo, der mich bat, gutes Dope für ihn zu besorgen.

Mechanisch machte ich mich auf den Weg zur Szene.

Aber kurz vor unserem Ziel blieb ich abrupt stehen und fragte mich, was um alles in der Welt ich jetzt schon wieder machte. Ich war nicht nach Frankfurt gefahren, um zu fixen, ich wollte Schluß machen. Aber die Überdosis hatte nichts genützt. Ich hatte das Gefühl, daß mich irgend etwas vor dem Sterben bewahrt hatte, weil meine Zeit noch nicht gekommen war. Ich sollte weiterleben. Ich sagte zu Udo, daß er allein zur Szene gehen müsse.

Dann ging ich zur Drogenberatung.

Zu meinem Glück war Rosalie da und hatte auch gleich Zeit für mich. Ich erzählte ihr alles, was passiert war. Zum Schluß heulte ich nur noch: »Was soll ich denn jetzt machen?«

»Als erstes würde ich in Oldenstadt anrufen«, sagte Rosalie, »die machen sich bestimmt Gedanken um dich.« Sie schob das Telefon zu mir hin.

Mit flauem Gefühl wählte ich die Nummer, Maria war am Apparat.

»Natascha«, rief sie, und ich hörte an ihrer Stimme, wie sehr sie sich freute: »Du kannst dir gar nicht vorstellen, was bei uns los war, als gestern abend das Krankenhaus bei uns anrief und wir erfuhren, daß du dir eine Überdosis gesetzt hattest. Wie geht es dir denn jetzt?«

Ich wollte gerade antworten, aber da redete Maria schon weiter: »Hast du den Mut, bei uns noch einmal von vorn anzufangen? Wenn du vorankommen willst, darfst du jetzt auf keinen Fall stehenbleiben. Und ich denke, wenn du nach Oldenstadt zurückkämst, hättest du einen ganz großen Schritt nach vorn gemacht.«

Ich konnte nicht antworten, so gerührt und beschämt war ich. Heulend gab ich den Hörer an Rosalie zurück, die mit Maria besprach, unter welchen Bedingungen ich zurückkommen konnte. Ich schluchzte nur noch, daß ich mir nichts sehnlicher wünschte als einen Neuanfang in Oldenstadt.

Die Voraussetzung für meine Wiederaufnahme war eine negative Urin-Kontrolle. Das Drogengift mußte restlos aus meinem Körper heraus sein. Jetzt hatten wir Freitag mittag. Als Neuaufnahmetermin wurde der Montag bestimmt, denn bis dahin würden Reste von Heroin nachweisbar sein. Ich mußte mir also fürs Wochenende eine Bleibe suchen.

Mit Rosalies Erlaubnis rief ich sofort bei Tamaras Pflegemutter an und erklärte ihr alles so kurz wie möglich. Dann bat ich sie, über das Wochenende bei ihr bleiben zu dürfen. Ich mußte unbedingt bei meinem Kind sein.

Barbara war zuerst furchtbar erschrocken. Sie schrie fast: »Bist du denn verrückt geworden? Hast du denn überhaupt nicht an dein Kind gedacht, oder an deine Mutter?«

Ich fing schon wieder zu weinen an und bat: »Bitte laß uns später darüber reden.«

Aber auch Barbara war tief betroffen. »Klar kannst du kommen. Über Tamara gehören wir doch zusammen.«

Dankbar legte ich den Hörer auf und saß noch eine Weile wie ein Häufchen Elend Rosalie gegenüber. Sie schien zu spüren, wie es in mir aussah. Sie lächelte und sagte schließlich: »Solche Reaktionen hattest du wohl nicht erwartet. Natascha, du hast großes Glück gehabt, daß sie dich im letzten Augenblick gefunden haben, jetzt mußt du aus deiner neuen Chance etwas machen.«

Ich schaute Rosalie lange an und sagte dann: »Vielleicht mußte das alles passieren, damit ich endlich begreife, daß es um Leben oder Tod geht. Vorhin, als ich aus dem Krankenhaus wegging, war ich am Boden zerstört und habe die Ärzte verflucht, weil sie mich nicht sterben ließen. Jetzt bin ich froh, daß ich noch lebe. Rosalie, wie konnte ich so etwas nur tun? Mein Leben wegwerfen? Mein Kind im Stich lassen?«

»Darüber wirst du noch viel nachdenken müssen«, sagte Rosalie leise. »Nimm die Hilfe an, die dir dafür angeboten wird, und nimm deine eigenen Erfahrungen sehr ernst.«

Ich dachte noch daran, Christian anzurufen, aber ich wollte ihm keine unnötigen Sorgen bereiten. Ich würde ihn informieren, sobald ich dieses Problem wenigstens einigermaßen gelöst hatte.

Barbara hatte Tränen in den Augen, als sie mich einige Stunden später in die Arme schloß. Sie hatte meine Mutter informiert, zu der sie eine gute Beziehung gefunden hatte. Meine Mutter war aus dem nahen Saalheim herübergekommen, der Kleinstadt, wo ich den größten Teil meiner Kindheit verbracht hatte.

Meine Mutter schaute mich lange an, und ich merkte, wie verstört sie innerlich war.

»Am liebsten wäre ich tot«, sagte sie resigniert, »dann brauchte ich das alles nicht länger mit ansehen. Ich hab' schon wieder mal gedacht, diesmal wäre alles mit dir in Ordnung gekommen, und dabei wird es immer schlimmer. Ich kann und will das nicht mehr mitmachen. Wenn es mit der Überdosis geklappt hätte, wüßte ich wenigstens, daß jetzt Ruhe wäre.« Meine Mutter begann zu weinen und verließ das Zimmer. Jetzt fing auch ich an zu heulen. Mein Gott, das hatte ich doch nicht gewollt.

Ich hatte meiner Mutter in meinem Leben schon so oft wehgetan und sie enttäuscht. Bei jedem Entzug, den ich machte, bei jeder Therapie, die ich begann, hoffte sie neu, daß ich es diesmal schaffen würde. Aber immer wieder wurde ich rückfällig, und jedesmal stürzte ich ein Stück tiefer ab als vorher. Sie konnte das nicht begreifen und half mir trotzdem immer wieder. Aber einmal ist es auch mit ihrer Kraft vorbei. Langsam kam sie ins Wohnzimmer zurück, schaute mich verzweifelt an und sagte: »Aber bevor ich durch dich zugrunde gehe, Natascha, gebe ich dich auf!«

Barbara nahm mich am Arm und führte mich ins Kinderzimmer hinüber. Tamara schlief still und friedlich. Am liebsten hätte ich sie fest in meine Arme geschlossen, aber ich mochte ihren Schlaf nicht stören. Ich blieb eine Weile ruhig an ihrem Bettchen sitzen und schaute sie nur an. Das war gar nicht so einfach, weil ich ständig Tränen in den Augen hatte. Als ich wieder hinüber ins Wohnzimmer ging, schüttelte meine Mutter den Kopf und sagte: »Natascha, ich kann einfach nicht begreifen, warum du so schwach bist. Immer hast du dir ein Kind gewünscht. Jetzt hast du eins, und du wolltest es im Stich lassen. Du weißt ganz genau, daß du vielleicht nicht mehr lange leben wirst. Aber gerade deshalb müßtest du doch die Zeit mit deinem Kind genießen.«

In meinem Kopf war plötzlich völlige Leere. Ich setzte mich und sagte zu meiner Mutter hin: »Mama, ich weiß doch selber nicht, was in mir abgegangen ist.« Ich war erschöpft und müde. Noch einmal setzte ich an. »Mama, es tut mir leid, aber ich kann jetzt nicht mehr reden. Ich muß ins Bett.«

Mit Barbara ging ich noch einmal ins Kinderzimmer hinüber und schaute mir mein schlafendes Kind an. Wieder stiegen mir Tränen in die Augen.

Barbara brachte mich in mein Zimmer und machte das Bett fertig. Ich zog mich aus, legte mich hin und war auf der Stelle eingeschlafen.

Am nächsten Morgen fühlte ich mich schon erheblich besser. Es war 10 Uhr, als ich in die Küche ging. Barbara und ihre drei Kinder frühstückten schon. Tamara saß wie selbstverständlich dazwischen und strahlte. Barbaras Mann ist Monteur und oft für längere Zeit beruflich unterwegs.
Ich nahm Tamara in den Arm und drückte sie fest an mich. »Tamara«, flüsterte ich ihr zu, »das mache ich nie wieder. Ich lasse dich nicht im Stich.«
Barbara lächelte mir zu. »Und«, fragte sie, »wie fühlst du dich?«
»Es geht so«, antwortete ich, »auf jeden Fall geht es mir besser als gestern.«
Ich genoß das Frühstück mit Barbara und den Kindern. Und ich erzählte Barbara noch einmal alles, was in den letzten Tagen geschehen war und was ich nicht einmal selbst verstand. Ich schloß mit dem Satz: »Aber am Montag fahre ich zurück nach Oldenstadt. Ich muß es schaffen.«
»Also gibst du dir noch eine Chance«, sagte Barbara.
Ich schaute Tamara an und nickte. »Was meine Mutter gestern gesagt hat, stimmt ja alles. Niemand weiß, wie lange ich noch zu leben habe. Bisher habe ich mein Leben nicht akzeptiert, ich habe es mit Drogen verdrängt, und vorgestern habe ich versucht, es wegzuschmeißen. Das ist nicht gelungen. Ich glaube nicht an Gott, aber trotzdem habe ich ein Gefühl, als ob mir jemand ein Zeichen gegeben hätte: Meine Zeit fürs Sterben ist noch nicht gekommen. Jetzt will ich die Zeit, die mir noch bleibt, mit klarem Kopf mitbekommen und mit meinem Kind genießen.«
Zunächst einmal genoß ich das Wochenende mit Tamara, und am Montag tat mir der Abschied sehr weh. Dennoch, als ich ging, hatte ich das Gefühl, als hätte ich viel neue Kraft in mir. Ich freute mich auf Oldenstadt. Ich wollte weitere Schritte in ein wirkliches Leben hinein machen.

Als ich in der Therapie eintraf und klingelte, öffnete mir Alfred, ein Klient.
»Schön, daß du wieder da bist«, sagte er freundlich, aber irgendwie spürte ich eine Distanz.
Maria jedoch nahm mich in die Arme, und ich spürte, wie sehr sie sich freute. »Hilfst du mir bei meinem neuen Anfang?« fragte ich gerührt, und sie antwortete nur: »Aber das weißt du doch.«
Die Urinprobe, die ich abgeben mußte, war negativ, und am nächsten Tag sollte in der Gruppe über meinen Rückfall geredet werden. Als ich endlich allein in meinem Zimmer war, erschrak ich. Es sah aus wie auf einem Schlachtfeld, aber ich hatte keinen Nerv aufzuräumen. Ich ging duschen und dann wieder hinunter zum Abendbrot.
Während des Essens traute ich mich nicht, den Mund aufzumachen. Ich hatte das Gefühl, gleich losheulen zu müssen; ich schämte mich. Sobald es möglich war, flüchtete ich in mein Zimmer.
Marita, auch eine Klientin, kam kurz herein und nahm mich in den Arm. Sie wollte mir nur sagen, wie sehr sie sich freute, daß ich noch lebte. Als ich dann wieder allein war, nahm ich allen Mut zusammen und ging in Denis' Zimmer. »Hör mal«, sagte ich etwas stotternd. »Was da passiert ist, hat nichts mit dir zu tun. Unsere letzte Begegnung war höchstens der Auslöser dafür. Ich möchte, daß du das weißt.«
»Ist klar«, sagte er kühl. Ich hatte zwar nichts anderes erwartet, aber trotzdem verunsicherte mich eine solche Reaktion. Zum Glück rief in diesem Augenblick Barbara an, die sich überzeugen wollte, ob ich auch gut angekommen war. Sie machte mir Mut, und als ich den Hörer auflegte, ging es mir wieder besser.
Dann kam Andy und lud mich zu einem Tee auf sein Zimmer ein. Ich sagte dankbar zu, denn die Gespräche mit die-

sem Klienten hatten mir schon oft geholfen, viel über mich zu erfahren. Während das Teewasser noch kochte, sprach ich offen über meine Scham und meine Unsicherheit den anderen gegenüber. Andy goß uns Tee ein.
»Ich glaube, daß deine Unsicherheit etwas ganz Normales ist«, sagte er. »Wir sind doch genauso unsicher und wissen nicht, wie wir auf dich zugehen sollen. Hast du eine Ahnung, was hier los war, als du am Donnerstagabend nicht wiederkamst? Die gesamte Gruppe saß im Fernsehzimmer, aber weder der Kasten lief noch irgendwelche Musik. Keiner sagte was. Wir hatten Angst. Denis ging es wahrscheinlich am miesesten. Und keiner weiß, was genau los war. Mensch, Natascha. Wir haben dich doch lieb!«
Ich freute mich, daß Andy mir das erzählte.
Auf meinem Zimmer machte ich mir noch ein paar Notizen für das morgige Gruppengespräch, dann legte ich mich hin.

18

Am nächsten Morgen rief ich Christian an.
»Ich hab' ein paar schwere Tage hinter mir«, begann ich das Gespräch, »aber jetzt ist alles wieder in Ordnung. Hast du einen Moment Zeit? Dann erzähl ich dir das kurz.«
»Ja, klar, erzähl nur«, sagte Christian in seiner ruhigen Art.
So knapp wie möglich erklärte ich ihm, was in den letzten Tagen mit mir geschehen war. Als ich fertig war, hörte ich nichts am anderen Ende der Leitung.
»Christian?«
»Ja«, sagte er ganz leise.
»Warum sagst du nichts? Es ist doch alles wieder gut. Vielleicht mußte das ja so kommen. Vielleicht war das sogar ganz gut, denn ich habe einen Schritt nach vorn gemacht.«

»Ach hör doch auf mit deinen schönen Phrasen«, sagte Christian ärgerlich, fast wütend. »Seit ich Fixer kenne, erklären die mir, daß ihre Rückfälle kommen mußten und wie gut und nützlich und notwendig die Rückfälle sind. Das, was du gemacht hast, war viel zu gefährlich, als daß ich es mit Worten wie gut und wichtig beschreiben könnte. Entschuldige, Natascha, vielleicht rede ich Blödsinn. Aber wenn du mir innerhalb von drei Minuten erzählst, daß du versucht hast, dich umzubringen, weil du in deinem Leben keinen Sinn mehr gesehen hast, und heute, drei oder vier Tage später, ist das alles kein Problem mehr, geht mir das einfach zu schnell. Mach's gut, Natascha, du weißt, wie ich zu dir stehe. Ich lege jetzt auf. Ich muß erst mal mit der Sache fertig werden.«

Die Zeit bis zum Gruppengespräch schlug ich mit dem Aufräumen und Putzen meines Zimmers tot. Nach dem Aufwachen am Morgen hatte ich mich sehr sicher und gut gefühlt, aber dann hatte mich das Telefonat mit Christian unsicher gemacht.

Christian kannte mich besser als alle anderen Menschen, und er hatte den Finger auf eins meiner größten Probleme gelegt. Solange ich zurückdenken konnte, hatte ich immer nur in Extremen gelebt, und meine Drogenkarriere hatte das verstärkt. Entweder war ich total am Boden zerstört, und ich empfand das Leben als völlig sinnlos. Ich konnte mir in solchen Momenten nicht einmal vorstellen, jemals von den Drogen wegzukommen. Aus solch einem Gefühl heraus hatte ich versucht, mein Leben wegzuwerfen. In anderen Augenblicken empfand ich genau das Gegenteil. Das Leben erschien mir derart herrlich und lebenswert, daß ich mir nicht einmal vorstellen konnte, jemals wieder nach einer Droge zu greifen. So war es zum Beispiel, als ich Tamara zum ersten Mal in meinen Armen hielt. Ich war über-

zeugt, einen endgültigen Schritt von den Drogen weggemacht zu haben.
Auch jetzt hatte ich sicher einen wichtigen und richtigen Schritt getan, ich war zurückgekommen nach Oldenstadt. Doch deswegen war noch lange nicht »alles wieder gut«, wie ich zu Christian gesagt hatte. Ich würde noch sehr, sehr viele Schritte machen müssen.
In einem Brief an Christian schrieb Natascha:
Das Gruppengespräch verlief eigentlich sehr gut.
Nachdem ich die Ereignisse der letzten Tage dargestellt hatte, bekam ich zwar viel Kritik zu hören, aber ich spürte auch viel Sympathie und bekam ernst gemeinte Hilfe- und Freundschaftsangebote.
Von den meisten wurde ich gefragt, wie ich mir mein Zusammenleben mit Denis in Zukunft vorstellen würde. Ich überlegte und sagte dann: »Ich möchte nur noch ehrliche Gefühle leben. Sonst bleibe ich lieber allein.«
Aber schon während ich das aussprach, wurde mir klar, daß das gar nicht so einfach sein würde, denn je länger ich darüber nachdachte, um so klarer wurde mir, daß Beziehungen eigentlich immer Drogenersatz für mich waren. In Zeiten, wo ich voller Drogen steckte, konnte ich sehr gut solo leben, aber sobald ich die Drogen nicht mehr hatte, das war in den Therapien, konnte ich ohne Beziehung einfach nicht auskommen. In Therapien war ich immer mit jemandem zusammen. Der Rausch der Beziehung ersetzte mir für einige Zeit den Drogenrausch und bereitete gleichzeitig den Therapieabbruch vor. Das Gespräch, das ich vor meinem Selbstmordversuch mit Maria über mich und Denis hatte, führte mir das sehr deutlich vor Augen. Ein »echtes Gefühl leben« würde demnach heißen: Der Partner dürfte kein Drogenersatz sein. Christian, ich glaube, ich habe noch einen weiten Weg vor mir.

Aber dann ist da noch etwas, und das hat vor allem mit meinem Virus zu tun. Manchmal klammere ich mich an eine Beziehung, obwohl mir klar ist, daß ich sie eigentlich nicht mehr will, weil ich dadurch noch größere Probleme habe als allein. Aber dann ist da die Angst: Du bist aidsinfiziert. Vielleicht ist dein Partner der letzte Mann, der sich mit dir einläßt und der zu dir steht.
Na ja, irgendwie muß ich damit fertig werden.
Ich möchte noch etwas zum Gruppengespräch sagen: Ich hatte meine Mitklienten, die mich kritisierten, aber auch gut aufbauten, einfach, weil sie mich mochten und Interesse an mir hatten, bisher gar nicht wirklich wahrgenommen, weil ich nur Augen für Denis hatte. Genau ein solches Verhalten hatte mich bisher immer wieder zurückgeworfen. Das sollte jetzt anders werden.
Nach dem Gruppengespräch ging es mir richtig gut. Ich ging in den Kraftsportraum und powerte mich aus. Mein Kopf wurde frei und zugänglich für alles Neue. Als ich dann wieder in meinem Zimmer war, räumte ich zu Ende auf und putzte sogar die Fenster. Mein Wohnraum war und ist der Spiegel meines Innenlebens.
Kurz danach schrieb Natascha noch einmal an Christian:
Ich habe schon wieder im Mittelpunkt eines Gruppengesprächs gestanden. Was da vorher alles gelaufen war, weiß ich nicht einmal, jedenfalls wurde ich angegriffen, weil in meinem Zusammensein mit Männern keine Kondome benutzt wurden. Sogar von den Therapeuten fielen einige hart über mich her und sprachen von Verantwortungslosigkeit. Nur Maria war auf meiner Seite und stellte klar, daß ja schließlich jeder wüßte, was mit mir los sei und niemand gezwungen sei, mit mir zu schlafen und schon gar nicht ohne Kondome. Wer das trotzdem tue, könne mir zumindest nicht die Alleinschuld für etwaige Folgen anlasten.

Obwohl die Sitzung für mich unheimlich hart war, hat sie mich sehr nachdenklich gemacht. Warum wollte ich eigentlich nicht, daß Kondome benutzt wurden? Ein Grund war sicher, daß mich Kondome immer wieder an meine Zeit als Prostituierte erinnerten.
Der wirkliche Grund aber war erneut der Aidsvirus. Ich wollte meine Infektion nicht wahrhaben, und Sex ohne den Schutz von Kondomen gab mir die Illusion, völlig normal zu sein. Und normal hieß für mich gesund.
Aber so einfach war die Sache offensichtlich nicht. Selbst Maria hatte gesagt, daß ich bei etwaigen Ansteckungen nicht die *Allein*schuld hätte; aber offenbar doch eine *Mit*schuld. Und die Folge einer Infizierung war der Tod.
Irgendwie, fand ich, war ich schon verantwortungslos, und das traf mich. Ich wollte nicht länger verantwortungslos sein. Ungeschützten Sex würde es mit mir nicht mehr geben. Ich glaube, daß ich an diesem Abend zum ersten Mal, seit ich ihn hatte, meinen Virus akzeptiert habe. Diesen Schritt will ich nie wieder zurück tun.
In den nächsten Tagen muß ich meine Blutwerte wieder einmal testen lassen. Zum ersten Mal habe ich keine Angst davor. Ich bin clean. Schon deshalb müssen meine Werte besser sein.
Weißt du, Christian, ich träume davon, daß wir vielleicht schon im Herbst ein paar gemeinsame Drogenveranstaltungen machen. Dann ist die Therapie zu Ende, und ich möchte, daß du mir hilfst, ein neues, sinnvolles Leben aufzubauen. Ich möchte sehr viel mit dir gemeinsam tun.
Aus Nataschas Manuskript:
Zwei Wochen nach meinem Selbstmordversuch war vieles wieder wie früher. Dennoch denke ich, daß ich besonders in den Einzel- und Gruppengesprächen ernster und konzentrierter war. Ich hatte noch zwei Monate Therapie vor mir,

und ich wollte noch möglichst viel über mich und meine Schwächen erfahren. Eine meiner Schwächen war immer noch Denis, oder richtiger gesagt, mein Trieb, mich bei der geringsten Belastung in einen Rausch zu flüchten.
Und während ich bereits wieder meine Beziehungsprobleme hatte, rief Barbara an, um mir zu sagen, daß Tamara hohes Fieber hätte und sich ständig übergeben würde.
Ich geriet in Panik und Wut über mich selbst. Ich machte mir Gedanken wegen eines Typen, der austauschbar war, und was geschah währenddessen mit meinem Kind! Ich wußte natürlich, warum Barbara mich angerufen hatte. Wir hatten oft genug darüber geredet. Es war damals noch lange nicht klar, ob Tamara nicht genauso positiv wie ich sein würde. Sie war ja noch dabei, ihren eigenen Blutkreislauf aufzubauen, der das Blut der Mutter verdrängen würde. Barbara hatte Angst, daß ich sie beschuldigen könnte, wenn Tamara bei ihr stürbe. In meiner Hilflosigkeit ging ich auf mein Zimmer und heulte. Alles war wieder sinnlos geworden. Wenn Tamara sterben sollte, würde ich aufgeben. Hätte ich dieses Kind wirklich niemals auf die Welt bringen dürfen? Ich wollte der Kleinen doch nichts Schlechtes. Gemeinsam mit meinem Kind wollte ich selbst glücklich werden. War das zu egoistisch gedacht? Hatte ich mit meinem Virus wirklich kein Recht auf mein Kind?
Ich spürte, wie ich mich selbst fertigmachte, und ich wußte, wo das wieder enden würde.
Ich sprang von meinem Bett und ging zu Andy aufs Zimmer. Ich würgte alles raus, was mir die Kehle zuschnürte: »Andy, ich hab' Angst, daß sie stirbt.«
Andy blieb ganz ruhig und redete auch so: »Natascha, bei kleinen Kindern ist es normal, daß sie gelegentlich hohes Fieber bekommen. Vielleicht kriegt sie Zähne.«

Er schaute mich an. »Mach dich doch nicht verrückt. Nach allem, was du erzählst, ist deine Kleine bei Barbara gut aufgehoben. Versuch, mit dir selbst klarzukommen.«
Ich nickte erleichtert. »Das kann aber noch lange dauern, bis ich das mal schnalle.«
Als ich zu Bett ging, machte ich mir zwar immer noch Sorgen, aber ich war ruhiger geworden.
Zwei Tage später war Tamara wieder fit. Sie hatte wirklich nur gezahnt.

19

Natascha und Christian trafen sich am Darmstädter Hauptbahnhof. Christians Zug traf etwas eher ein, so daß er Natascha auf dem Querbahnsteig erwarten konnte.
Er sah sie sofort, als sie aus dem Zug stieg, und auch Natascha schaute sich um und erblickte Christian. Sie winkte.
Aber schon an der Art, wie sie den Arm hob, merkte Christian, daß irgend etwas nicht stimmte. Außerdem war sie sonst immer auf ihn zugelaufen, manchmal fast gesprungen. Heute ging sie so langsam, daß er an eine alte Frau denken mußte. Als er sie in die Arme schloß, sah er, daß sie Tränen in den Augen hatte. »Geht's dir nicht gut?« fragte er leise.
Natascha schüttelte an seiner Schulter den Kopf. »Laß uns irgendwo hinsetzen. Ich erzähle dir alles.«
Langsam gingen die beiden aus dem Bahnhofsgebäude und suchten sich eine Bank in den Anlagen. Es war ein wunderbarer, warmer Spätfrühlingstag.
Es schien Christian, als würde Natascha nach Worten suchen. »Rückfall?« fragte er, um ihr den Anfang zu erleichtern, aber Natascha schüttelte nur stumm den Kopf.

Erst nach einer langen Zeit flüsterte sie fast: »Ich reiße mich schon die ganze Zeit zusammen, daß ich nicht losheule. Ich habe heute morgen meine Virus-Werte erfahren. Sie sind so schlecht, daß ich nur noch Angst habe.«
Christian erschrak.
»Wissen die in der Therapie schon davon?« fragte er schließlich. Natascha nickte.
»Ich hab's Maria erzählt. Sie sagte, daß sie genauso hilflos und ohnmächtig sei wie ich selber. Sie hätte keine Worte, um mich zu trösten. Merkwürdigerweise hat mir genau das gut getan.« Sie schaute Christian ins Gesicht. »Ist das nicht absurd? Vor ein paar Wochen wollte ich mich umbringen, und die Ärzte haben das verhindert, obwohl ich das gar nicht wollte. Jetzt sterbe ich vielleicht sowieso, und kein Arzt der Welt kann das verhindern, obwohl ich das so gerne möchte.« Sie machte eine Pause und sprach dann mit immer wieder versagender Stimme weiter: »Du weißt, wie sehr ich mein Kind liebe. Ich werde nie vergessen, wieviel sie trotzdem wegen meiner Sucht leiden mußte. Jetzt habe ich ernsthaft damit angefangen, mich von meiner Sucht zu befreien, und da werde ich ihr nicht mehr zeigen können, was sie mir bedeutet und daß ich alles wieder gutmachen möchte. Das ist ungerecht!«
Christian legte seinen Arm um Natascha und zog sie dicht an sich. Sie legte ihren Kopf an seine Schultern, und Christian spürte am Zucken ihres Körpers, daß sie weinte.
»Ich habe auch Angst«, sagte Christian, der sich ganz leer fühlte. »Ich habe Angst, daß ich dich verliere.«
»Der Tod selbst macht mir eigentlich weniger aus«, sagte Natascha nach einer Weile. »Aber ich habe Angst vor dem Sterben...«
»Ich hab' mich nicht genau ausgedrückt«, warf Christian ein. »Ich wollte sagen: Ich habe Angst, daß ich dich end-

gültig an die Drogen verliere. Mir geht dein Selbstmordversuch nicht aus dem Kopf. Und du hast schon einige Male von deiner Todessehnsucht gesprochen. Ich habe Angst, daß du vielleicht gar nicht leben *willst.*«

Natascha setzte sich gerade hin und schaute Christian in die Augen. »Natürlich denke ich schon die ganze Zeit an eine Überdosis«, sagte sie hart. »Ich habe schon mitgekriegt, wie Leute an Aids verreckt sind. Das ist ein ganz qualvoller und fürchterlicher Tod. Zum Schluß bist du nicht mehr als eine von blauschwarzen Flecken entstellte Körperhülse. Warum soll ich mir das antun, wenn ich doch mit einem einzigen Druck alles beenden kann!«

Christian nahm Nataschas Hand. Er sprach in dem kühlen, fast geschäftsmäßigen Tonfall, in den er oft verfiel, wenn er innerlich aufgewühlt war.

»Wenn du's schaffst, sollten wir eine Abmachung treffen. Noch ist dein Aids nicht ausgebrochen, und du hast schon öfter schlechte Werte gehabt. Vielleicht werden sie ja auch diesmal wieder besser. Ich möchte jedenfalls, daß wir erst dann über eine mögliche Überdosis reden, wenn du wirklich Aids hast. Du bist nach deinem Selbstmordversuch nach Oldenstadt zurückgegangen. Damit hast du bewiesen, daß du die Kraft hast. Gib jetzt nicht auf. Kämpfe, Natascha, kämpfe!«

»Ja«, sagte Natascha kaum hörbar.

Langsam und meist schweigend gingen die beiden auf die Innenstadt zu. Auch das Mittagessen in einem schönen alten Lokal verlief stiller als gewöhnlich. Natascha schaute einigen Vögeln zu, die sich auf dem Fensterbrett um ein paar Kuchenkrümel stritten. »Vielleicht ist das mein letzter Sommer«, sagte sie plötzlich.

»Dann sollten wir ihn ausnutzen«, meinte Christian. »Worauf hast du Lust?«

»Wir können ein bißchen spazierengehen«, sagte Natascha. »Irgendwann würde ich dann aber auch noch gern ein schönes, großes Eis essen.«
Die beiden zahlten und schlenderten dann am Herkules-Center vorbei, wo viele Schmuckstände aufgebaut waren. Natascha hatte bald ein schönes, breites Armband ausgemacht. Ihre bisher so traurig blickenden Augen leuchteten wieder. Sie probierte es an, fragte die Verkäuferin etwas, was Christian nicht verstand, der ein paar Schritte seitwärts stand, weil Schmuck ihn nicht interessierte. Natascha streifte das Armband wieder ab und legte es zurück.
»Hättest du es gern?« fragte Christian.
»Es ist leider zu teuer«, sagte Natascha. »Ich hab' keine 35 Mark.«
»Aber ich«, rief Christian. »Ich möchte noch einmal sehen, wie deine Augen wieder leuchten.«
Überglücklich umarmte Natascha Christian, der den Reif bezahlte. Einige Passanten schauten erstaunt und amüsiert zu. Stolz streifte Natascha den Armreif wieder über und hielt ihn Christian hin, aber der schaute nur in ihre strahlenden Augen.
»Vielleicht ist es das, was uns noch bleibt, Natascha«, sagte er, »ein paar kleine Freuden. Ich jedenfalls werde mir keinen Tag entgehen lassen, den ich mit dir verleben kann.« Nach einer Weile setzte er noch hinzu: »Das klingt vielleicht komisch, aber es ist so. Ich verdanke dir eine ganze Menge: Wenn ich mit dir zusammen bin, wird mir immer wieder klar, daß auch ich *noch* lebe, daß mein Gehirnschlag mir Grenzen gesetzt hat, an die ich vielleicht öfter denken sollte. Was ist eigentlich, wenn mich morgen ein zweiter Schlag trifft?«
Natascha hakte sich bei Christian ein, und die beiden gingen langsam auf ein Straßencafé zu. »Wie wahrscheinlich

ist das eigentlich mit einem zweiten Schlag?« fragte sie.
»Das weiß niemand.«
»Rechnest du damit?«
»Ich habe Angst davor.«
»Dann laß uns ein besonders großes Eis essen«, sagte Natascha, »und laß uns schon heute einen Termin festmachen für einen neuen, schönen Tag.«
Die beiden setzten sich und bestellten. Während sie dann das wirklich üppige Eis löffelten, erzählte Natascha, daß die gesamte Therapiegruppe samt Therapeuten für eine Woche nach Bayern in Urlaub fahren würde. »Ich glaube, das wird mir gerade jetzt sehr gut tun. Vielleicht komme ich auf andere Gedanken.«
»Ich fahre in die Gegenrichtung«, sagte Christian, »nach Norddeutschland. Da habe ich bisher die wenigsten Veranstaltungen gehabt. Aber in der Woche danach treffen wir uns, okay?!«
»Am Mittwoch«, sagte Natascha, »paßt dir das?«
»Am Mittwoch«, bekräftigte Christian. »Wo?«
»Maria würde dich gern kennenlernen. Kannst du nach Oldenstadt kommen?«
»Klar, so gegen 18 Uhr werde ich bei euch sein.«
Der Rückweg zum Bahnhof verlief so schweigsam wie der Hinweg am Morgen. Die dunklen Gedanken setzten sich wieder durch. Mehrmals hakte sich Natascha bei Christian ein, und dann drückten sich die beiden aneinander, als suchten sie beieinander Schutz: der Krüppel und die aidsinfizierte schöne junge Frau, der erfolgreiche Schriftsteller und die Süchtige, die bisher noch gar nicht wirklich gelebt hatte, zwei grundverschiedene und sich doch so ähnliche Menschenkinder. Schließlich saßen sie auf derselben Bank vor dem Bahnhof, wo sie den Tag begonnen hatten.
»Ich will optimistisch sein«, sagte Natascha, aber Christian

spürte, daß sie mit den Tränen kämpfte, »nur wenn die Krankheit ausbricht, darf ich dann zu dir kommen? Ich meine – bis alles vorüber ist?«
Christian starrte vor sich hin.
»Ich möchte einfach ja sagen«, sagte er leise. »Aber wir sollten uns keine Illusionen machen. Mit meiner Behinderung kann ich dich nicht pflegen. Aber ich werde nachdenken. Es muß eine Möglichkeit geben, daß ich wenigstens bei dir sein kann.«
Er schwieg eine Weile und sagte dann: »Am Anfang wollte ich keine Beziehung zu dir. Du hast oft über deinen Virus geredet und über die Probleme, die du dadurch hast, Beziehungen einzugehen. Aber ich hatte den Eindruck, daß es dabei fast ausschließlich um das Problem der Ansteckung ging: Ich finde keinen Partner, weil die Leute Angst haben, sich bei mir zu infizieren. Diese Angst habe ich nie gehabt, weder bei dir noch bei einem Junkie, selbst dann nicht, wenn die meine Zahnbürste benutzten. Außerhalb des Blutkreislaufes sterben die Viren. Vor denen konnte ich mich ohne Probleme schützen. Aber ich hatte eine andere Angst, die Angst vor dem, was jetzt möglicherweise passiert: Ich werde dir beim Sterben zuschauen müssen.«
Christian legte seinen Arm um Nataschas Schultern. »Aber was soll's! Die Beziehung ist entstanden, und ich bin froh darüber. Jetzt muß ich mit meiner Angst fertig werden, und irgendwie wird das schon gehen. Ich verspreche dir, Natascha: Ich weiß noch nicht, was ich tun werde, und vor allem weiß ich nicht, was ich tun kann, aber ich will dich auf keinen Fall allein lassen.«
Natascha lächelte Christian durch ihre Tränen hindurch an. »Vielleicht geht es diesmal ja auch noch vorüber.«
»Ja«, sagte Christian und versuchte ebenfalls zu lächeln, »im Leben kommt es oft anders, als man denkt.«

Bei der Arbeit an diesem Buch erinnerten sich Christian und Natascha immer wieder an diese Szene. Beide spürten irgendwie, daß der Tod nahe war, aber sie wußten nicht auf welche Weise. Aber genauso war ihnen klar geworden, daß sie zusammengehörten und leben wollten.
Als sie sich voneinander verabschiedeten, hielten sie sich länger und fester im Arm als gewöhnlich.
Ihre Züge fuhren pünktlich zur selben Minute ab, allerdings in verschiedene Richtungen.

20

Um 18 Uhr hatte Christian zu Natascha gesagt, wollte er in Oldenstadt sein. Um 20 Uhr griff Natascha nervös zum Telefon. Christian verspätete sich nie, und wenn ihm etwas dazwischengekommen wäre, hätte er angerufen. Irgend etwas mußte passiert sein.
Unter seiner Nummer meldete sich niemand. Natascha wählte die Nummer der Erzieherinnen, Christians Nachbarn. Ihr Herz klopfte fühlbar.
»Hallo«, meldete sich eine Frauenstimme.
»Ich bin Natascha Wegner«, sagte Natascha schnell, »eine gute Bekannte von Christian.«
»O ja«, sagte die Frau. »Ich kenne Sie vom Sehen, außerdem hat Christian oft von Ihnen gesprochen. Ich habe leider keine gute Nachricht für Sie.«
»Was ist passiert?« flüsterte Natascha erschrocken.
»Christian ist im Krankenhaus«, sagte die Frau, »irgendwo in der Nähe von Hamburg: ein zweiter Gehirnschlag.«
»Nein!« Natascha schrie fast.
»Es geht ihm gar nicht gut. Die Ärzte haben seine Mutter angerufen und gesagt, daß sie schnell kommen soll.«

Natascha mußte sich setzen, weil ihr schwarz vor Augen wurde.
»Heißt das«, stammelte sie, »daß… daß er stirbt?«
»Hoffentlich nicht«, sagte die Frau am anderen Ende der Leitung. »Aber er ist total gelähmt. Er kann nicht einmal schlucken oder atmen. Er ist deswegen an eine Maschine angeschlossen.«
»Ich muß zu ihm!« schluchzte Natascha. »Wo liegt er? Sagen Sie mir bitte die genaue Adresse!«
»Beruhigen Sie sich, Natascha«, sagte die Frau. »Ich weiß die genaue Adresse auch nicht. Aber ich weiß, daß niemand ihn besuchen darf. Es hätte auch keinen Sinn, er erkennt niemanden. Das einzige, was er braucht, ist äußerste Ruhe. Weil seine Mutter weiß, daß wir oft Anrufe für ihn annehmen, hat sie uns Bescheid gesagt, und wir haben abgemacht, daß sie jeden Tag bei uns anruft und das Neueste durchsagt.«
Natascha wurde immer aufgeregter. »Wann ist das denn passiert?«
»Vor zwei Tagen«, sagte die Frau. »Sie können jederzeit hier anrufen, Natascha. Ich heiße Martina, aber meine Kolleginnen sind auch informiert. Noch etwas: Christians Mutter sagte, daß sie sich dafür einsetzen will, daß er so schnell wie möglich in den Frankfurter Raum verlegt wird. Hier leben seine Freunde, dort in Norddeutschland ist er allein. Aber gegenwärtig erlauben die Ärzte keine Verlegung, weil er den Transport nicht überleben würde.«
»Was glaubt denn seine Mutter?« fragte Natascha.
»Na ja, sie gibt zu, daß die Ärzte wenig Hoffnung haben und daß es auch sehr schlimm aussieht. Aber dann sagt sie immer wieder: Man muß abwarten. Ich gebe jedenfalls noch nicht auf. Ich kenne meinen Sohn. Christian ist ein Kämpfer.«
Natascha war einem Zusammenbruch nahe. »Danke«,

konnte sie mit äußerster Konzentration noch hervorstoßen, dann fiel ihr der Hörer aus der Hand auf den Apparat.
Stumm saß sie eine Zeitlang neben dem Telefon, dann stand sie sehr langsam auf und ging – wie in einen bösen Traum gefangen – in ihr Zimmer. Dort warf sie sich aufs Bett und heulte, heulte hemmungslos. Und sie, die an keinen Gott glaubte, stieß immer wieder hervor: »Gott! Er darf nicht sterben! Bitte, Gott, laß ihn leben! Laß nicht zu, daß er stirbt! Ich will nicht, daß er stirbt!«
Mit ihren verheulten Augen trat sie ans Fenster, versuchte hinauszublicken. Die Tränen nahmen ihr jede klare Sicht, aber sie wurden gleichzeitig zu vielen Spiegeln für die untergehende Sonne. Natascha fühlte sich, als stünde sie mitten in einem ganz großen und unendlich hellen und warmen Licht. Und auf einmal wußte sie, daß Christian lebte. In dieser Helligkeit war kein Platz für den Tod.
Als die Sonne untergegangen war, zündete sie vor Christians Photo, das auf ihrem Schreibtisch stand, eine Kerze an und setzte sich. Sie starrte das Bild an und konzentrierte all ihre Gedanken auf den Freund.
»Ich weiß nicht, wo du bist«, flüsterte sie, »aber vielleicht fühlst du, daß ich trotzdem bei dir bin. Weißt du eigentlich, daß ich erst eben gerade gemerkt habe, was du für mich bedeutest? Du bist ein Teil meines Lebens, Christian, genau wie mein Kind. Ich will nicht ohne dich leben, Christian, genau wie ich nicht ohne mein Kind leben will. Du hast mich so oft festgehalten. Jetzt möchte ich dich festhalten, und ich kann nicht bei dir sein. Ich möchte deine Hand halten und dein Gesicht streicheln. Spürst du das, Christian? Wenn du stirbst, weiß ich nicht weiter. O Gott, es tut so weh. Ich will zu dir. Ich weine und weine, aber mein Schmerz wird immer größer. Ich kann nicht mehr, Christian!«
Schluchzend warf sie sich wieder aufs Bett. Sie schlief we-

nig und schlecht in dieser Nacht. Da waren auch noch andere Gedanken, Gedanken an einen Druck, der allem Schmerz ein Ende machen könnte.

Am nächsten Morgen erzählte sie alles Maria, zu keinem der anderen hatte sie auch nur ein Wort gesagt.

Maria schaute Natascha lange nachdenklich an und sagte dann: »Du hast ja schon oft von ihm geredet, und ich hatte immer so ein bißchen das Gefühl, daß du glaubst, ihm etwas schuldig zu sein.«

»Ja, klar«, sagte Natascha. »Ohne ihn wäre ich vielleicht längst tot. Und ich habe ihm nicht einmal gesagt, was er mir bedeutet. Er hat mir doch immer den Weg gezeigt, auf dem ich jetzt bin.«

»Wenn das so ist«, sagte Maria, »besteht deine Schuldigkeit darin, diesen Weg weiter zu gehen. Vielleicht wird er wieder gesund, aber dabei hilfst du ihm auf keinen Fall, wenn du Drogen nimmst. Ich sage dir was, Natascha: Sobald du ihn besuchen darfst, wird unser Zivi dich hinfahren, egal wie weit es ist. Und wenn Christian nach Hause kommen sollte, kannst du gern die ersten Tage bei ihm verbringen und ihn pflegen, soweit du das kannst. Dann sehen wir weiter.«

Natascha nickte dankbar.

»Aber vergiß nicht, Natascha«, fuhr Maria fort, »du hast noch einen weiten Weg vor dir. Deine Therapiezeit geht langsam dem Ende entgegen, und du weißt immer noch nicht, wohin du dann gehst. Kümmere dich bitte ganz intensiv um einen Nachsorgeplatz. Und glaube mir, je mehr du an dich selbst und an deine Zukunft denkst, um so besser kannst du mit deiner Angst um ihn leben.«

Täglich – oft mehrmals – rief Natascha bei Martina und ihren Kolleginnen an. Aber sie hörte immer dieselbe Auskunft: »Keine Veränderung.« Endlich, nach 14 Tagen, sagte Martina: »Wahrscheinlich wird er leben. Aber er wird ein vollständiger Pflegefall sein. Er kann sich nicht bewegen und nicht sprechen. Möglicherweise muß er für den Rest seines Lebens künstlich ernährt werden müssen. Das sagte zumindest der Arzt, den ich am Telefon hatte. Christians Mutter sagte: Wir müssen abwarten.«

Natascha erfüllte alle Pflichten, die ihr die Therapie auferlegt hatte. Sie dachte immer an Christian, und nur langsam, ganz langsam konnte sie akzeptieren, daß der Freund schwer krank war. Eines Tages erhielt sie die Nachricht, daß in einer Nachsorgeeinrichtung in der Nähe von Gießen ein Platz für sie frei sei.

Endlich konnte Natascha wenigstens die Wochenenden wieder genießen, an denen sie ihre kleine Tochter bei sich hatte.

21

Was während der ersten sechs Wochen seiner Krankheit für alle sichtbar geschah, erfuhr Christian durch andere: durch Ärzte, Krankenschwestern, vor allem aber seine Mutter, die bei ihm blieb, bis die größten Krisen vorüber waren. Zehn Tage lang war er an eine Beatmungsmaschine angeschlossen, fünf Wochen wurde er künstlich ernährt.

Von einer Verlegung in den Frankfurter Raum sah man ab. »Sobald er transportfähig ist«, sagte der Arzt zu Christians Mutter, »sollten wir ihn lieber in eine Rehabilitationsklinik bringen, damit die Gymnasten mit ihm arbeiten können. Vielleicht holen sie ja doch noch einiges heraus. Wenn er erst in ein anderes Krankenhaus kommt, verlieren wir kostbare Zeit, weil die zuerst alle Untersuchungen noch einmal machen, die wir längst abgeschlossen haben. Aber kein

Krankenhaus übernimmt die Untersuchungsergebnisse eines anderen.«
Christian lag stumm und bewegungslos im Bett. Meist hatte er die Augen geschlossen, aber niemand wußte, ob er wirklich schlief. Wenn er die Augen geöffnet hielt, konnte trotzdem niemand sagen, ob er etwas von dem mitbekam, was um ihn herum vorging.
Aber neben dem, was andere sahen, gab es Christians persönliches, für andere also unsichtbares Erleben seines Gehirnschlages.
Am Vorabend des Schlages war er in der schönen norddeutschen Mittelstadt Vennebek angereist, hatte gut zu Abend gegessen und danach in einem Hotel noch besser geschlafen. Am nächsten Morgen frühstückte er lange und ausgiebig und machte sich danach auf den Weg zu der Schule, wo zwei Vormittagsveranstaltungen stattfinden sollten. Er freute sich darauf, denn die Gruppen würden erfreulich klein sein. Christian wußte aus seiner Erfahrung, daß kleine Gruppen die besten Voraussetzungen für gute Gespräche sind.
Der Weg, den Christian zurückzulegen hatte, war denkbar kurz. Er brauchte nur die Straße zu überqueren. Mitten auf der Straße wurde er plötzlich so unendlich müde, daß er sich am liebsten auf der Stelle hingelegt hätte.
Er hinkte zur Schule hinüber, an deren Pforte ein Lehrer auf ihn wartete. Christian wollte dem Lehrer einen Guten Morgen wünschen, aber irgendwie hörte sich das, was er sagte, ganz anders an. Etwas irritiert blickte der Lehrer Christian an, sagte jedoch nichts, sondern brachte ihn ins Lehrerzimmer, wo er ihm einen Stuhl anbot. Dankbar setzte Christian sich. »Ich muß mich zusammenreißen«, versuchte er leise vor sich hin zu sagen, aber wieder hatte er das schlimme Gefühl, als würde ihn so keiner verstehen können. Christi-

an lehnte sich zurück und versuchte, sich zu entspannen. Einige der Lehrer schauten zu ihm hin. Es wird schon gehen, dachte Christian, wenn ich vor der Klasse stehe, wird diese Schwäche von mir abfallen.
Christian hörte noch, wie es zum Unterricht schellte. Also los jetzt, dachte er. Er stand auf und brach zusammen. Irgendwelche Menschen legten ihn auf einen Tisch. Jemand zerschnitt sein Hemd, einer erklärte ihm etwas, aber das interessierte Christian nicht. Er wollte nur noch schlafen. Es war ihm egal, ob die Veranstaltungen ausfallen würden. Wenn es nicht anders ging, würde er zwei Tage durchschlafen und dann von hier aus direkt zu Natascha fahren.
Und Christian schlief: in einem kleinen Haus inmitten eines Waldes. Vor dem Haus war ein Rangierbahnhof, manchmal aber auch ein breiter Fluß.
Und dann war Christian tot. Es war ein schönes Gefühl, tot zu sein. Manchmal lag er auf einem unendlich weiten Feld, auf dem Millionen von Särgen standen, und dann wieder in einer kleinen Leichenhalle, von vertrockneten Palmen und Blumen umgeben. Und dann lebte Christian wieder, nicht viel, ein wenig nur. Man mußte ihn aber für tot gehalten haben, denn Christian lag in einem Sarg. Christian hob den Kopf ein wenig. Er sah einen alten Mann, der, weit weg von ihm, Särge zunagelte.
Er wird deinen Sarg auch zunageln, dachte Christian: Wenn du dich ganz ruhig verhältst, wird er gar nicht merken, daß du noch lebst. Sicher, Christian würde sich ein paar Minuten quälen müssen, bis er erstickt war, aber das würde ja wohl zu ertragen sein. Auf keinen Fall mochte Christian leben.
Er wurde müde. Schlafen, dachte er. Das ist die Lösung. Während du schläfst, wird der alte Mann deinen Sarg zunageln, und dein Schlaf wird in den Tod übergehen, ohne daß du etwas merkst.

Und Christian schlief. Als er erwachte, war der alte Mann, der die Särge zunagelte, schon ein großes Stück näher zu ihm herangekommen.
Schlaf noch einmal, dachte Christian, und er schlief wieder ein.
Das wiederholte sich siebenmal.
Dann stand der alte Mann über Christians Sarg gebeugt. Christian bekam mit, wie er den Deckel von der Erde hob und ihn ganz langsam über den Sarg schob.
»Ich lebe noch«, sagte Christian leise. Eigentlich hatte er schweigen wollen, aber irgend etwas war stärker gewesen.
Langsam legte der alte Mann den Sargdeckel auf die Erde zurück.
»Ja«, sagte er dann, »das wissen wir. Aber ich dachte, daß du sterben wolltest. Und das hätten wir respektiert.«
»Ich würde gern sterben«, sagte Christian. »Ich weiß nur nicht, ob ich das darf. Ich habe doch noch Aufgaben.«
»Wenn du sterben willst, darfst du sterben«, sagte der alte Mann in einem fast geschäftsmäßigen Tonfall, der Christian irgendwie bekannt vorkam. »Deine Aufgaben werden andere übernehmen. Das ist überhaupt kein Problem. Das Problem ist einzig und allein: Willst du leben? Ja oder nein?« Der alte Mann beugte sich zu Christian herunter. »Wenn du meinen Rat hören willst: Leb doch noch ein bißchen. Sterben kannst du immer noch. Der Tod entgeht dir nicht.«
Es war Christian, als habe der alte Mann ihm zugezwinkert.
»Wer sind Sie?« fragte Christian. »Ich kenne Sie doch irgendwo her.«
»Ich bin der alte Mann«, sagte der alte Mann, »der die Särge der Leute zunagelt, die nicht mehr leben wollen.«
Und dann war alles verschwunden: der alte Mann, das riesige Feld mit den vielen Särgen und das Haus im Wald, am

Fluß oder Bahnhof, in dem Christian so lange geschlafen hatte. Er lag in einem ganz weiß bezogenen Bett in einem kleinen Zimmer, und plötzlich wußte Christian, daß ihn ein zweiter Gehirnschlag getroffen hatte und daß er in einem Krankenhaus lag, wahrscheinlich schon lange Zeit. Natascha fiel ihm ein. Sie würde inzwischen wissen, was ihm passiert war. Aber er mußte trotzdem mit ihr reden, damit sie sich keine unnötigen Sorgen machte. Er würde – Christian erschrak. Wo wohnte Natascha? Sie machte irgendwo Therapie. Aber wo? Christian zermarterte sich das Gehirn, aber je intensiver er nachdachte, um so wirrer wurde er. Ruhig bleiben, sagte er sich, das kennst du doch. Du hattest doch schon einen Schlag. Danach hattest du auch nichts gewußt, nicht einmal deine eigene Telefonnummer. Aber dein Gedächtnis kam zurück. Das wird auch diesmal so sein. Beruhigt schlief Christian ein, für lange Zeit, wie ihm zumindest schien.

Als er erwachte, nach ein paar Stunden oder einem Tag oder einer Woche, standen zwei Schwestern an seinem Bett.

»Guten Morgen«, sagte Christian, so freundlich er konnte, »sagen Sie mir bitte zuerst, was für einen Tag und welches Datum wir heute haben.«

»Sofort«, sagte eine der beiden Schwestern und goß ein wenig Mineralwasser in eine Schnabeltasse, die sie Christian ganz vorsichtig an die Lippen hielt. »Trinken Sie ganz kleine Schlucke«, sagte sie. »Sie haben noch Probleme mit dem Schlucken.«

»Ich hab' verstanden, daß wir ihm den Kopf höher legen sollen«, sagte die andere Krankenschwester.

Christian erschrak. War er in einem Irrenhaus gelandet?

»Welcher Tag und welches Datum!« rief er wütend.

Jetzt erschraken die Schwestern.

Die ältere der beiden legte ihm beruhigend die Hand auf die Schulter. »Regen Sie sich bitte nicht auf. Seien Sie ganz ruhig. Wir kriegen schon raus, was Sie möchten.« Sie drehte sich zu ihrer jüngeren Kollegin hin. »Hol doch mal die Bildertafel.«

Die Schwester ging aus dem Zimmer, und bevor Christian auch nur einigermaßen kapiert hatte, was hier gespielt wurde, war sie wieder zurück. In ihrer Hand hielt sie eine weiße Papptafel voller kleiner Bildchen. Da war ein Männchen, das schlief, ein Männchen, das aß, ein anderes trank, wieder ein anderes drückte mit schmerzverzerrtem Gesicht eine Hand auf den Magen.

Also gut, dachte Christian resigniert, tun wir also, als ob wir kleine Kinder wären.

Das Problem war nur, daß kein einziges der vielen Männchen auf der Tafel wissen wollte, welcher Tag und welches Datum heute war.

»Tag und Datum!« schrie er schließlich verzweifelt.

»Bleiben Sie ganz ruhig«, sagte die ältere Schwester. »Wir kriegen schon raus, was Sie wollen.«

Christian nahm alle Kraft zusammen. »Tag und Datum«, brüllte er. Die Schwestern sahen sich hilflos an.

Christian hatte Angst durchzudrehen. In ohnmächtiger Wut zeigte er auf das Männchen, das auf der Toilette saß.

»Ach so!« riefen beide Schwestern gleichzeitig, und die Jüngere zog eine Bettpfanne unter Christians Bett hervor.

Verzweifelt wollte Christian sich auf die Seite werfen, aber er konnte sich nicht bewegen. Er schloß die Augen. Er mußte nicht auf die Toilette. Er wollte nur Goethes berühmten Spruch aus Götz von Berlichingen zitieren. Aber offenbar gab es auch dafür nicht das richtige Bild.

Plötzlich begriff Christian. Und er spürte, wie ihm der Schweiß ausbrach: Er konnte nicht mehr sprechen.

»Ich kann sprechen«, stieß er hervor, aber das, was er hörte, verstand er selber nicht.
Ich muß schreiben, ging es ihm durch den Kopf. Ich muß aufschreiben, was mit mir los ist. Der Arzt muß mir helfen.
Er öffnete die Augen. Er war allein im Zimmer.
Gut, dachte Christian, da kann ich in Ruhe üben.
Christian fühlte, daß er die rechte Hand einigermaßen bewegen konnte. Er streckte den Zeigefinger aus und wollte seinen Namen auf das Bettlaken schreiben. Aber er spürte das Bettlaken nicht, obwohl er sah, daß er es mit dem Finger berührte, denn der bog sich bereits. Christian hatte kein Gefühl in der Hand, in der ganzen rechten Körperhälfte offenbar nicht, denn er hob sein rechtes Bein, ohne den Widerstand der Bettdecke zu spüren.
Christian konnte seine Finger nicht führen, wie er es wollte. Seine Hand schien selbständig zu sein. Sie tat nichts von dem, was sie sollte. So konnte er unmöglich schreiben. Immer wieder versuchte er, mit äußerster Konzentration wenigstens einen Buchstaben mit dem Finger nachzuzeichnen. Nichts gelang. Irgendwann schlief er erschöpft ein.
Irgendwann, wieder wußte er nicht, ob er einen Tag oder eine Woche geschlafen hatte, wachte er auf, weil ihn jemand wusch.
»Guten Morgen«, sagte er aus seiner Gewohnheit.
»Guten Morgen«, antwortete die Schwester und stieß dann einen leichten Schrei aus. »Sie können ja wieder reden.«
Christian mußte sich besinnen. Konnte er bisher nicht reden? Ach ja, er hatte einen Gehirnschlag, und man verstand nicht, was er sagte. Aber das war jetzt offenbar vorbei. Christian war wunderbar leicht zumute, und wie immer in solchen Fällen wurde er sofort übermütig. »Ich konnte immer sprechen«, erklärte er. »Ich hatte nur keine

Lust.« Es ging schwer, fand er. Manche Buchstaben konnte er nur schwer artikulieren, und seine Stimme hörte sich an wie das Quietschen von Gummienten, wie sie kleine Kinder in der Badewanne haben. Ich muß üben, dachte Christian, ich muß sofort üben. Zu der Schwester sagte er: »Bitte versammeln Sie das Krankenhauspersonal in einer halben Stunde an meinem Bett. Ich möchte eine längere Rede halten.«
Die Schwester lachte.
»Das habe ich zwar nicht so ganz verstanden«, sagte sie. »Aber reden Sie nur weiter.«
Und Christian redete und redete. Was er von Schillers Balladen aus seiner Schulzeit noch im Kopf hatte, mußte dran glauben. Schweiß und Speichel liefen an ihm herab. Immer wieder begann er von vorn und machte erst weiter, wenn er selbst verstand, was er da von sich gab. Er übte, bis er vor Erschöpfung einschlief.
Er erwachte, weil er wieder gewaschen wurde. Jetzt reicht's aber, dachte Christian, bin ich hier im Krankenhaus oder in einer Wäscherei? Und auf einmal wußte er, daß Natascha in Oldenstadt wohnte.
Christian konzentrierte sich. »Ich möchte einen Brief schreiben«, sagte er. »Gleich«, sagte die Schwester, und nachdem sie Christian gewaschen hatte, brachte sie ihm Briefpapier und Schreibstift, eine feste Unterlage und sogar einen frankierten Umschlag. Dann stellte sie das Oberteil des Bettes so ein, daß Christian gut sitzen konnte.
Als die Schwester das Zimmer verlassen hatte, griff Christian langsam nach dem Stift. Das war schwer, weil er nichts in seiner Hand spürte. Aber er sah, daß der Stift richtig in seiner Hand lag. Konzentriert schob er seine Hand über das Papier nach oben in die linke Ecke. Er hätte nach dem Datum fragen sollen. Na ja, es gab Wichtigeres. »Lie-

be Natascha«, krakelte er. Er brauchte mehrere Minuten dazu. Immer wieder wollte die Hand anders als er, und mehrmals entglitt ihm der Stift. Zweimal rollte er auf den Fußboden, so daß er nach der Schwester schellen mußte. Die Schwester wischte ihm Schweiß und Speichel von Gesicht und Oberkörper und band ihm dann eine große Serviette um.

»Frühstücken Sie erst mal«, sagte sie. »Dann geht's leichter.« Nach dem Essen machte sich Christian wieder an die Arbeit. Jeden einzelnen Buchstaben mußte er sich schwer erkämpfen. Manchmal verkrampfte sich seine Hand so sehr, daß die Buchstaben immer kleiner wurden, bis auf Streichholzkopfgröße schrumpften sie zusammen. Dann mußte Christian sich erst einmal entspannen. Er zitterte am ganzen Körper. So ging es unendlich langsam weiter: Buchstabe, Pause, Buchstabe. Die Serviette hatte er umbehalten. Sie war von seinem Speichel auf der linken Seite völlig durchnäßt.

Gegen Mittag klingelte er nach der Schwester, hielt ihr mit zitternder Hand das bekrakelte, feuchte Papier entgegen, würgte kaum verständlich heraus: »Meinen Sie, daß man das lesen kann?«

Die Schwester nahm das Blatt in die Hand, blickte darauf und sah einigermaßen irritiert aus. Aber dann lächelte sie und sagte: »Ich glaube schon.«

»Ich hab' nicht gefragt, was Sie glauben«, blökte Christian, und dann kippte seine Stimme wieder nach oben um. »Lesen Sie mal vor, bitte«, quietschte er.

»Liebe Natascha«, las die Schwester langsam. »Das ist mein erster Brief. Wie geht's dir denn?« Die Schwester sah angestrengt auf das Papier. »Mit mir geht's langsam wieder bergauf«, las sie noch langsamer weiter. »Melde dich doch mal. Ich hab' dich lieb. Dein Christian.«

Sie schaute Christian an. »Sie schreiben schon wieder sehr gut«, log sie.
Christian hätte ihr am liebsten eine kleine Bosheit gesagt, aber dafür hatte er keine Kraft mehr. »Bitte schreiben Sie die Adresse«, flüsterte er, und dann diktierte er mit einer letzten großen Konzentration Nataschas Anschrift.
Als wenig später das Mittagessen gebracht wurde, war Christian eingeschlafen.
Natascha antwortete postwendend.
»Lieber Christian, du glaubst nicht, wie glücklich ich war, als ich deinen Brief bekam. Ich habe fast jeden Tag bei deinen Nachbarinnen angerufen, um zu erfahren, wie es dir geht. Ich hatte Angst gehabt, aber jetzt ist alles wieder gut. Auch meine Blutwerte haben sich gebessert. Wir haben beide noch einmal eine Chance zum Leben bekommen. Wir schaffen es, Christian. Es war kein Zufall, daß wir uns vor drei Jahren begegnet sind.
Ich habe meine Therapie in Oldenstadt inzwischen erfolgreich abgeschlossen und lebe jetzt in einer Nachsorgegemeinschaft bei Gießen, wohin mir dein Brief nachgeschickt wurde. Leider kann ich dich nicht besuchen. Du bist so weit weg, und ich habe das Fahrgeld nicht. Aber deine Nachbarinnen sagten, daß du wieder ein bißchen sprechen kannst. Vielleicht können wir bald mal telefonieren. Aber wenn du nach Hause kommst, werde ich die erste sein, die dich besucht.
Christian, ich möchte noch so viel mit dir gemeinsam erleben. Werde ganz schnell gesund und melde dich, wenn ich irgend etwas für dich tun kann. Bis bald, Christian, ich hab' dich lieb.«
Neun Wochen war Christian im Krankenhaus von Vennebek. Dann wurde er in eine Rehabilitationsklinik gebracht. Als er sich bei den Schwestern und dann bei dem für ihn

zuständigen Arzt bedankte, sagte ihm dieser: »Ich glaube, wir haben uns auch bei Ihnen zu bedanken. Sie haben uns ein großartiges Beispiel gegeben. Als der Notarzt Sie vor neun Wochen hier ablieferte, hätte keiner von uns auch nur einen Groschen auf Ihr Leben gewettet. Aber Sie leben noch. Dann waren Sie länger als fünf Wochen mehr oder weniger ohne klares Bewußtsein, und niemand von uns glaubte an eine Genesung, die diesen Namen verdiente. Aber seit drei Wochen werden Sie täglich ein Stückchen gesünder. Ich meine, Sie sollten wissen, wem Sie das verdanken: Zu zehn Prozent unserer medizinischen Kunst, den Rest verdanken Sie sich selbst: Ihrem starken Willen und Ihrer großen Kraft.«

Vier Wochen trainierte sich Christian in der Rehabilitationsklinik, nicht nur während der offiziell angesetzten gymnastischen Übungen, sondern in jeder freien Minute. Er lief durch die Gänge und um das Haus herum. Sein Gleichgewicht war so gestört, daß er seinen Stock mehr denn je brauchte, besonders, wenn der Untergrund nicht völlig eben war. Sprechen und Schreiben wurde zur Schwerarbeit. Wenn er erregt war, brachte er keine Silbe heraus, und wenn er sich nicht auf jeden einzelnen Buchstaben konzentrierte, erinnerten ihn seine Schreibversuche irgendwie an ein besoffenes Huhn. Und dann gab es noch eine in dieser Intensität und Ständigkeit nie gekannte Angst vor einem neuen Schlag.

Die Ärzte hätten Christian gern noch dabehalten, aber er wollte nach Hause, und weil seine Nachbarinnen ihm helfen würden, wenn er Hilfe brauchte, gaben die Ärzte schließlich nach.

22

An einem der letzten Frühlingstage hatten sich Christian und Natascha in Darmstadt verabschiedet, am ersten Tag des Herbstes saßen sie nebeneinander auf dem alten Sofa in Christians Wohnung.

Sie hielten sich an den Händen wie kleine Kinder, umarmten sich wieder und wieder und freuten sich, daß sie noch lebten. Und Natascha erzählte und erzählte wie in alten Zeiten. Ihr Rekord steht übrigens bei 49 Minuten ohne Pause, und beinahe ohne Atem zu holen. So lange sprach sie heute zwar bei weitem nicht, aber dafür berichtete sie viel Erfreuliches.

»Ich hab' zusammen mit einer Freundin inzwischen schon eine eigene Wohnung in Aussicht«, erzählte sie, »und ich arbeite in einer Gärtnerei. Das macht mir Spaß, und ich werde das sicher noch eine Weile machen. Ich überlege aber auch schon, ob ich nicht einen höheren Schulabschluß machen soll. Und was das Allerbeste ist«, Natascha strahlte Christian an, »inzwischen ist es so gut wie sicher, daß Tamara meinen Virus nicht erben wird. Nur meine Beziehungskisten«, Natascha grinste, »ich bin halt noch in einem Alter, wo man sich ständig verliebt, und da ist der Virus natürlich nach wie vor ein großes Problem. Aber ehrlich gesagt, besonders wichtig ist mir das nicht mehr. Ich will zuerst einmal eine vernünftige und tragfähige Beziehung zu meinem Kind aufbauen. Alles andere kommt später. Ich will mein Kind so schnell wie möglich zu mir holen. Zur Zeit mache ich mit dem Jugendamt klar, daß Tamara jeden Monat für eine Woche zu mir darf. Du sagst ja gar nichts, Christian. Was wirst du in der nächsten Zeit tun?«

Christian schaute eine Weile vor sich hin.

»Jetzt kommt erst mal der Winter«, sagte er dann. »Ich

werde so eine Art Winterschlaf halten, und wenn ich zwischendurch aufwache, werde ich trainieren, meine Fähigkeit zu laufen und vor allem meine Stimme. Schau mal«, er zeigte auf seinen Schreibtisch, wo bündelweise Briefe gestapelt lagen. »Ich werde mir ein paar Einladungen aus besonders schönen Gegenden heraussuchen. Im Frühjahr gehe ich wieder auf Lesereise.«

»Nimmst du mich mit?« fragte Natascha. »Wenn dir das Sprechen schwerfällt, kann ich dir doch dabei helfen, beim Diskutieren sowieso, aber ich könnte ja auch Texte lesen.«

»Ich werde auf jeden Fall Begleitung brauchen«, sagte Christian, »und etwas Idealeres als dich kann ich mir noch schwerer vorstellen als früher.«

»Christian«, sagte Natascha fest, »bisher warst du immer für mich da, wenn ich allein nicht weiterkonnte. Ich rief an, und du kamst. Du hast mir erzählt, wie schlecht es dir manchmal geht, besonders wenn du Angst hast. Ich möchte in solchen Augenblicken bei dir sein und dich aufbauen. Kann ich mich darauf verlassen, daß du mich anrufst, wenn es dir nicht gutgeht?«

»Ja«, sagte Christian nur.

Die beiden besprachen noch viel an diesem Abend. Irgendwann, damals, noch ganz nebenbei, kam auch die Idee eines neuen gemeinsamen Buches auf. Die Schatten von Nataschas Aidsinfizierung und Christians Gehirnschlag waren an diesem Tag fast vergessen.

»C'est la vie«, sagte Natascha, und Christian ergänzte: »Da müssen wir durch. Und langsam entwickeln wir ja offensichtlich die Fähigkeiten dazu.«

23

Mehr als ein Jahr vergeht. Jeden Monat besucht Natascha Christian für ein Wochenende.
Dann hatte ein Journalist irgendwo gehört, »daß der kranke Christian R. ein neues Buch schreibt, zusammen mit einer jungen Frau, die aidsinfiziert ist«. Das interessierte ihn. Er machte einen Termin mit den beiden ab und führte ein langes Gespräch mit ihnen. Später hatte Christian die Idee, dieses Interview für eine Art »Ausklang« des Buches zu verarbeiten.
Frage: Natascha, wo stehen Sie heute?
Natascha: Ich habe ein großes Ziel erreicht. Das Jugendamt hat mir das Sorgerecht über mein Kind zurückgegeben, ohne Auflagen. Ich habe mein Leben auf die Reihe gekriegt. Ich habe eine Wohnung gefunden, und ich schaffe seit einem Jahr an derselben Arbeitsstelle. Es macht mir immer noch Spaß, aber den Gedanken an einen höheren Schulabschluß habe ich trotzdem noch nicht aufgegeben. Erst durfte ich mein Kind für eine Woche im Monat bei mir haben, später dann für zwei. So konnte ich meine Mutterrolle einigermaßen in Ruhe einüben, und die Mitbewohnerinnen in unserer Wohngemeinschaft haben mir geholfen, das mit meinen Arbeitszeiten zu vereinbaren. Auch mein Chef läßt in diesem Punkt mit sich reden. Natürlich habe ich inzwischen gelernt: Ein Kind macht nicht nur Freude. Manchmal bin ich hilflos und verzweifelt, und ich denke: Das schaffst du nie. Aber irgendwie geht's immer weiter. Inzwischen mache ich auch in einem Kreis junger Mütter mit.
Frage: Was ist mit Ihrem Suchtproblem?
Natascha: Ich hatte Rückfälle. Manchmal wird meine Vergangenheit wieder Gegenwart. Da habe ich zum Beispiel ein Problem, kein besonders großes, ein ganz normales All-

tagsproblem, wie alle Menschen es haben. Und auf einmal hab' ich nur noch im Kopf: Mach dir einen Druck, dann brauchst du nicht darüber nachzudenken. Früher hab' ich das immer so gemacht, und das ist noch ganz tief in mir drin. Wenn ich dann noch in der Grauzone bin, wird es ganz schlimm. Mit Grauzone meine ich: Oft muß ich nach Frankfurt zur Blutwertefeststellung, wegen meines HIV-Virus. Dann gehe ich schon mal auf die Szene. Nicht um mir was zu drücken! Ich will nur mal sehen, wer alles da ist und was so abgeht. Die Szene hat immer noch etwas Magnetisches für mich. Oder ich nehme Kontakte auf zu Bekannten, die noch drücken. Manchmal rede ich mir sogar ein, daß ich denen doch nur helfen will. In solchen Situationen war fast immer ein Rückfall drin. Manchmal wird es sogar noch schlimmer. Dann kommt die Todessehnsucht wieder hoch, von der ich erzählt habe. Ich habe dann das Gefühl, einfach nicht mehr zu können, und ich will auch nicht mehr. Ich glaube, das hängt besonders mit dem Virus zusammen. Zum Glück bin ich nach keinem Rückfall abgestürzt und wieder auf der Szene gelandet. Aber ich weiß, daß ich die Grauzone meiden muß, und meine Gefühle muß ich besser kontrollieren lernen, sonst lande ich über kurz oder lang doch wieder bei den Drogen. Das ist mir klargeworden, als ich an dem Buch arbeitete. Es verläuft ja immer alles nach demselben Schema. Ich laß mir durch eine ambulante Therapie helfen, solange es notwendig ist.

Frage: Christian, Sie haben viel Erfahrungen mit Süchtigen. Geben Sie Natascha eine Chance?

Christian: Solange sie sich selbst eine Chance gibt, hat sie eine. Sie hat, besonders im letzten Jahr, bewiesen, daß sie ein Ziel erreichen kann, das sie sich gesteckt hat. Das ist eine gute Voraussetzung für die Zukunft.

Frage: Natascha, Sie haben viel über Ihre Probleme mit Männern geschrieben, und...
Natascha: Auch das bringe ich in der Therapie immer wieder zur Sprache. Ich hoffe, daß ich eines Tages genauso normale Beziehungen zu Männern haben kann wie andere Frauen auch. Ich weiß, daß ich noch viel aus meiner Vergangenheit aufarbeiten muß: die Brutalität meines Vaters, die Prügel eines Zuhälters, meine Beschaffungsprostitution usw. Aber zuallererst will ich eine gute Beziehung zu meiner Tochter lernen. Ich will nicht an mein Kind weitergeben, was mich selber zu den Drogen gebracht hat.
Zu Christian habe ich eine Beziehung, die im Laufe der Jahre immer tiefer und schöner geworden ist. Vom ersten Tag an habe ich bei ihm Sicherheit und Geborgenheit gefunden. Und diese Beziehung wird mir auch weiterhelfen.
Frage: Wie leben Sie mit Ihrer Aidsinfektion oder mit dem Virus, wie Sie das nennen?
Natascha: Ich habe vor kurzem in einer Illustrierten von einer Frau gelesen, die, wie ich, infiziert ist und ein Kind hat. Die sagte sinngemäß, daß sie so lange wie möglich leben will und darauf hofft, daß sie erst sterben muß, wenn ihre Tochter alt genug ist, um alles zu verstehen. Diese Frau will mit ihrer Tochter über alles reden wie mit einer Freundin. Ich weiß natürlich nicht, ob ich das schaffe, aber das ist genau das, was ich auch möchte.
Natürlich lasse ich den Kontakt zu Barbara und ihrer Familie nicht abreißen, denn wenn ich eines Tages nicht mehr kann, soll Tamara zu Menschen kommen, die sie kennt und die sie gern hat. Aber ich will nicht ständig ans Sterben denken, obwohl es mich oft überkommt. Ich will ans Leben denken. Ich will mit meiner Tochter *leben*. Ich will ihr eine schöne, glückliche Kindheit ermöglichen und mit ihr zusammen selbst noch einmal ein bißchen Kind sein.

Frage: Jetzt zu Ihnen, Christian: Wie geht es Ihnen? Wo stehen Sie heute?

Christian: Ich habe darüber nachgedacht, als Natascha eben redete. Sie kommt in ihrem Leben an; ich verabschiede mich irgendwie von meinem. Fast jeden Tag muß ich Einladungen absagen. Dabei wollte ich doch vom Frühjahr des vergangenen Jahres ab wieder auf meine geliebten Lesereisen gehen. Aber das scheint endgültig Vergangenheit zu sein. Seit meinem zweiten Schlag habe ich keine Reisen mehr machen können. Mein Zustand hat sich zwar einigermaßen stabilisiert, aber nicht wesentlich gebessert. Ich muß mein Leben neu orientieren. Ja, ich weiß: Das sagte ich bereits nach meinem ersten Schlag. Aber ich habe andere und mich selbst belogen. In Wahrheit habe ich gar nichts neu orientiert, sondern so getan, als hätte ich meine alte Form noch. Ein zweites Mal wird mir das nicht gelingen. Dazu bin ich zu kaputt, und wenn ich noch eine Weile leben will, muß ich diesmal ernst machen mit der Neuorientierung.

Einiges zeichnet sich schon ab.

Ich halte keine Beziehungen mit akut Abhängigen mehr aus. Auf die Szene kann ich nicht mehr, und ich ertrage auch niemanden mehr in meiner Wohnung, der sich alle drei bis vier Stunden seinen Druck machen muß und dann möglicherweise zusammenbricht. Ich habe es in der letzten Zeit erlebt. Es geht nicht mehr.

Aber ich berate Angehörige von Abhängigen: Eltern, Partner und in zunehmendem Maße auch Kinder. Die haben meine Bücher gelesen, und jetzt schreiben sie mir, rufen an oder besuchen mich.

Manchmal werde ich auch von Lehrern umliegender Schulen um Rat angegangen, und im Frankfurter Raum gibt es ja jede Menge Schulen.

Vielleicht ist ja auch in fernerer Zukunft – ganz selten und in der Nähe – eine Lesung möglich. Dabei wird Natascha mir helfen, und ich freue mich schon heute darauf. Aber unser schöner Traum von gemeinsamen Lesereisen, kreuz und quer durch die Lande, dürfte endgültig ausgeträumt sein.
Für konzentrierte geistige Arbeit stehen mir zwei, höchstens drei Stunden täglich zur Verfügung. An manchen Tagen läuft überhaupt nichts. Vielleicht kann ich noch ein paar Bücher oder mindestens Erzählungen schreiben, aber ich hab's bei der Arbeit an diesem Buch gemerkt: Alles dauert viel länger als früher und fordert manchmal meine letzten Kräfte. Sprechen, schreiben und laufen geht nur sehr mühevoll.
Frage: Wie geht's in Ihrer Beziehung zu Natascha weiter? Hat sich da etwas verändert?
Christian: Natürlich hat sich etwas verändert. Bisher kam Natascha allein, wenn sie mich besuchte. In Zukunft wird sie ihre Tochter mitbringen. Ich bin leidenschaftlicher Einzelgänger und habe zu keiner Zeit an eine Lebensgemeinschaft irgendwelcher Art gedacht. Aber ich mag Kinder, und Kinder mögen mich. Nataschas Kleine wird meiner Gesundheit sehr guttun, und wir werden viel Spaß zu dritt haben. Ansonsten wird sich an unserer Beziehung nicht viel ändern. Sie wird bleiben – zumindest hoffe ich das –, was sie für uns beide von Anfang an war.
Was das ist, wird im Schlußkapitel unseres Buches klar.
Die Szene hat sich real vor etwa einem halben Jahr abgespielt, aber ihr Inhalt ist für uns beide ein wichtiges Stück Vergangenheit, Gegenwart und – hoffentlich noch lange – auch Zukunft.

24

Etwas nervös nahm Christian den Hörer ab.
»Hallo.«
»Ich bin es.«
Naturally Nataschas Stimme war kaum zu verstehen. Christian kannte diesen Tonfall. Außerdem wußte er, daß Natascha für heute ihre neuesten Blutwerte erwartet hatte. Sie wollte Christian deswegen sofort anrufen.
Er versuchte, seinen Schreck zu beherrschen.
»Deine Werte sind schlecht«, sagte er leise.
Natascha weinte.
»Sie sind schlechter, als sie jemals waren«, schluchzte sie. »Ich kapier das überhaupt nicht. Ich hab' doch mit dem Drücken aufgehört. Aber jetzt ist in meinem Kopf nichts anderes mehr als der Wunsch, mir was zu drücken. Ich halte das nicht mehr aus! Ich will nicht mehr! Ich habe Angst!«
Christian wollte etwas sagen, aber wie oft in solchen Situationen fiel ihm nichts ein.
»Und jetzt hab' ich dir auch noch Angst gemacht, obwohl du doch genug eigene Probleme hast«, fuhr Natascha fort. Ihre Stimme war ein wenig fester geworden.
»Aber wir wissen doch, daß wir mit unserer Angst leben müssen.« Da er innerlich sehr erregt war, konnte Christian seine Worte nur schwer artikulieren. Er brauchte seine ganze Willenskraft, um sich auf seine Aussprache zu konzentrieren.
»Natürlich habe ich jetzt Angst um dich, große Angst. Aber vor einem Monat hattest du Angst um mich. Weißt du noch: Mein Blutdruck stieg und stieg, und wir hatten Angst vor einem dritten Schlag.«
Christian mußte eine Pause machen, um weitersprechen zu können.

»Aber du hattest damals die Idee, mich zu besuchen. Wir haben geredet und geredet, und am Abend konnten wir schon wieder lachen. Die Hauptsache ist: Wir leben immer noch, obwohl es oft sehr schlecht um uns aussah.«
Wieder machte Christian eine Pause, sein Sprechen drohte zu einem Geblöke zu werden. Dann sagte er: »Ich würde dich gern wiedersehen. Wann kannst du kommen?«
Natascha brauchte keine Zeit zum Überlegen.
»Ich hoffe, daß ich mich zum Wochenende freimachen kann. Es kann allerdings sein, daß ich am Samstag länger arbeiten muß. Aber dann ist das nächste Wochenende hundertprozentig sicher.«
»Ich freu mich auf dich, Natascha.«
»Ich freu mich auch, Christian.«
Sie legen auf und denken beide dasselbe.
Ihre gemeinsam verbrachten Tage gehen ihnen durch den Sinn. Sie hatten gelacht und geweint, hatten ihre Verzweiflung und Angst rausgelassen und von ihrer Hoffnung gesprochen und von ihren Träumen. Sie dachten daran, wie oft sie wie sorglose Kinder durch die Stadt gelaufen waren, manchmal so albern, daß die Leute ihnen entsetzt nachschauten, besonders, wenn sie ihre Nummer »Ehekrach« spielten. Und sie erinnerten sich an die Stunden, wo sie auf irgendwelchen Parkbänken oder in Straßencafés über den Sinn des Lebens diskutierten, bis Christians Kaffee kalt und Nataschas Eis warm geworden waren. Sie hatten gelebt: Jeder Tag hatte sich gelohnt, war schön gewesen, hatte ihnen Kraft gegeben. Dabei ist ihre Angst immer gegenwärtig.
Denn einmal – vielleicht bald – wird das vorbei sein. Irgendwann wird einer von ihnen nicht mehr können. Aber jetzt ist es noch nicht soweit. *Heute leben sie, und nur darauf kommt es an.* Natascha und Christian freuen sich auf einen schönen Tag.